LA FLEUR DE L'ÂGE

DU MÊME AUTEUR

Ouvrages disponibles

ENRICO, l'Arbalète, 1955.
CHANSONS POUR MA MÉLANCOLIE, l'Arbalète, 1958.
COMPLAINTES, Seghers, 1976.
LE PETIT INVITÉ, Balland, 1989.

MOULOUDJI

LA FLEUR DE L'ÂGE

BERNARD GRASSET

PARIS

ISBN : 978 2 246 45011 5

Les nuits de Paris ne furent jamais aussi belles
que durant l'occupation allemande. La ville
dépouillée retrouvait sa splendeur : une men-
diante traînant ses oripeaux merveilleux sur des
kilomètres. Poème de pierre troué d'yeux rectan-
gulaires sans regard dont le souvenir ébloui me
parle encore cinquante ans plus tard de ces temps
désemparés. L'atmosphère d'un gris-bleu voilé
s'irisait de cette légèreté propre aux paysages de
l'Ile-de-France. Plus d'automobiles, plus de bruits
de circulation, de lumières aux fenêtres. Réver-
bères éteints. Candélabres aveugles. Rues, places,
avenues reprenaient leurs perspectives premières.
Le génie de certaines artères éclatait.

A la sortie de la gare de Lyon, au long de la
Seine jusqu'au Point-du-Jour, je fus fasciné.
Chaque ligne, chaque envolée d'immeubles m'arra-
chait un remerciement d'étonnement. Le miracle

de cette vieille ville était sa jeunesse. Ses habitants ne se souciaient pas de sa beauté, ils cheminaient dans cette irréelle transparence qui voilait la réalité. Comme issus des murailles, silhouettes à la Giacometti, ils baguenaudaient dans les rues, indifférents à tant de magnificence. Les beaux quartiers qui rayonnent du Palais-Royal étaient encore plus troublants.

Je réfléchissais au cours de ma promenade à cette propension de l'espèce humaine à perdre son temps de vie si court, grâce fugace offerte une seule fois pour l'éternité, en gesticulations et batailles. De la Villette à la Chapelle, du métro Jaurès le long du canal Saint-Martin, je retrouvai cette tristesse noirâtre qui semblait couler des murs et se répandre sur la terre et dans le ciel. J'allai jeter un coup d'œil aux entrepôts des quartiers où, enfant, je volais des journaux et illustrés invendus. Des heures durant je marchai par les rues. Au bas de Montmartre, à Barbès, à Pigalle, boulevard de la Chapelle, la prostitution battait son plein. Les soldats allemands louchaient devant les bordels où le mot VERBOTEN indiquait l'interdiction d'entrer aux troupes d'occupation. Dans les bistrots on les voyait assis sagement devant des bières. Je me rendis rue de Crimée. Le père était là, inchangé : son antre aussi, pièce vilaine, triste et sombre. Nous nous embrassâmes sans effusion. Il sembla tout de même éprouver un certain contentement à me revoir. Il n'exprimait jamais complètement ses sentiments. Un homme pudique. Je devais le déconcerter. C'est sur le tard de ma vie que je m'en aperçus. A fréquenter les intellectuels et les artistes, j'étais devenu une sorte de petit-bourgeois. On ne parla pas de la guerre. On était dépassés. Il avait une manière à lui de n'en rien dire tout en cogitant, un peu comme ces gens qui marchent dans les rues et agitent leur bouche en conversation avec eux-mêmes. J'allai à la fenêtre, m'accoudai à la balustrade et regardai la cour et les murs lépreux. J'éprouvai un sentiment de désespérance, celui d'avoir raté quelque chose et de commencer ma nouvelle vie avec un avenir qui me suivait comme un chien perdu. Puis mon petit frère André arriva, on s'embrassa. Je ne reconnaissais plus ses traits, son visage d'enfant, ses yeux à la lueur candide, premiers détails qui me revenaient toujours lorsque je pensais à lui. Il était devenu un adolescent comme les autres. Entre nous, quelque chose, je ne sais quoi, s'était cassé. Peut-être cela venait-il de moi ? Cela datait peut-être du jour où, en ricanant, il m'avait dit qu'un copain et lui s'étaient cotisés pour se payer une prostituée. Sans doute lui en voulais-je inconsciemment de m'avoir choqué et déçu. Il m'était devenu un étranger.

***

Où loger ? La chambre bleue où je vécus une période heureuse n'était plus libre. Désireux de la revoir, je montai, un peu ému, ces escaliers maritimes et suivis le long couloir sinistre jusqu'à mon ancienne porte, puis je redescendis chez le père. Dans la petite cour, je jetai un regard oblique, en hypocrite, vers la fenêtre de Mme Dolvent. En une bouffée me revinrent le souvenir de ce faux amour et la tendresse qu'elle me prodiguait. Comme tout avait basculé ! Disparue cette grave légèreté avec laquelle adolescent je pillais son corps ! A présent, j'appartenais au monde des grands et cet état ne m'apparaissait plus aussi excitant que je me l'étais imaginé. Sorti de l'immeuble, je lançai un regard circulaire sur le désastre de ma jeunesse. La rue de Crimée filait à gauche vers le canal, à droite, vers les Buttes-Chaumont. Au coin, le café où je venais, adolescent, me lorgner de profil et en pied. Je vaguai un peu dans les rues du quartier, cherchant je ne sais quoi où accrocher mes regrets sans rien trouver que la grisaille coutumière. Dans une vitrine de pharmacie, à l'angle de l'avenue Jean-Jaurès et de l'avenue Laumière, une réclame rigolote : juché sur un superbe cheval blanc, en armure, heaume et pointant une épée, un cavalier un peu efféminé vantait un produit pharmaceutique contre l'impuissance. Sous le panneau, le slogan : DÉFAILLANCE ?... EMPLOYEZ FORSEX. Le tout dominant une photographie du maréchal Pétain légendée du fameux exorde de son discours sur l'armistice : FRANÇAIS VOUS AVEZ TROP JOUI ! C'est le premier signe d'insoumission que je vis.

Je marchai jusqu'à la gare de l'Est ; on eût dit l'Allemagne. Partout des écriteaux d'un jaune lugubre sur lesquels tranchaient de noires indications en gothique. Camions, soldats, sentinelles, une activité de fourmilière, un aperçu édifiant de l'efficace organisation des vainqueurs. L'uniforme des officiers leur donnait une morphologie de mante religieuse. L'expression de leurs visages, tout à fait différente de celle des hommes de troupe, était hautaine, parfois cruelle. Des guerriers de métier. Dans leurs yeux on retrouvait cette fixité aux aguets caractéristique des policiers. Le simple soldat, quant à lui, ressemblait au troufion français. Seules les bottes lui donnaient un aspect plus viril que les pansements des bandes molletières. Verte peuplade venue visiter la Capitale, les Allemands se promenaient tranquillement parmi les passants aux visages fermés. Je n'osais trop les dévisager, nos ennemis, eux qu'on voyait défiler devant Hitler sur les écrans cinématographiques, le regard braqué vers l'avenir.

Rue Saint-Denis, les vendeuses d'amour, prémonitoires, déjà familiarisées avec les rudiments de la langue de Goethe, s'employaient à jeter les bases d'une réconciliation franco-allemande.

Après la promenade, je revins chez le père. Mon lit était déjà prêt, un petit matelas sur le carrelage. Malgré le dénuement de la chambre, je goûtais à la chaleur d'être en famille. André me regardait parfois avec des yeux curieux et interrogateurs. Les rideaux hermétiquement tirés pour raison de défense passive rendaient la nuit de la pièce encore plus noire. C'était l'heure du couvrefeu. Des patrouilles allemandes, au rythme de leur pas cadencé, chantaient à l'unisson, et ces chorales ambulantes qu'amplifiaient le silence et la solitude de la ville serraient le cœur... La splendeur de leurs timbres et la justesse des voix étaient impressionnantes : des chanteurs d'opéra mobilisés, venus spécialement interpréter des Lieder. Aux douze coups de minuit on les lâchait dans le labyrinthe, minotaures bottés qui patrouillaient en quête de chair fraîche.

Comment concilier la magnificence et la cruauté soldatesques de cette épouvantable et extraordinaire armée ? Rien de commun avec les sentinelles qui, au passage de la ligne de démarcation, pour vous demander votre carte d'identité, hurlaient des mots pareils à des coups de cravache avec sur le visage l'expression de molosses prêts à mordre.

La patrouille s'éloignait. Au creux de mon lit, je songeais à notre fulgurante défaite. La guerre pour de vrai m'avait abasourdi. Aucun rapport avec celles décrites dans les livres d'histoire que je dévorais à l'école communale de la rue Simon-Bolivar. De quel droit cette occupation ? Humiliés, nous devions supporter en outre ces pique-assiettes, les héberger et les nourrir. Bizarres touristes qui se promenaient, tranquilles, un peu partout, admirant les monuments, les vitrines, les visions d'art, les prostituées, mains derrière le dos, à la façon de bidasses courtelinesques venus d'outre-Rhin passer des vacances.

Je pris mes quartiers d'hiver au Café de Flore. Le spectacle de cette salle me rassura. Un îlot de paix. Dans ce lieu, on se sentait privilégié, ailleurs, hors d'atteinte. Pas d'Allemands. Il n'en vint pour ainsi dire jamais durant ces quatre années. Quelques habitués, que je reconnus à leur manière de lever la tête et d'enregistrer mon entrée par la porte vitrée, me jaugèrent avec cette curiosité propre à la faune de l'endroit. Boubal, le patron, toujours en sentinelle près de la haute caisse où trônait sa dame, me lança un regard neutre mais qui, en me détaillant des chaussures jusqu'aux cheveux, se durcit. Il vit à mes vêtements miteux que je traversais une mauvaise passe. J'esquissai un sourire auquel il ne répondit pas. Son sérieux m'en imposa, mieux même, me tranquillisa. Cet homme ne se laissait pas dominer par les événements, fussent-ils exceptionnels. Impavide, au-dessus de la mêlée. Seul comptait son commerce. J'allai m'installer sur la moleskine, au fond de la salle face à l'entrée, d'où l'on avait une vue d'ensemble. Je commandai un café à base de glands de chêne, un ersatz injustement disparu. Sur la soucoupe, une pastille de saccharine. Ce fut Pascal qui me servit, le plus gentil garçon de ce café : petit, quinquagénaire, visage lugubre rappelant la tête de Landru sans la barbe, démarche de pingouin qu'accentuait l'habit noir et blanc du loufiat. A l'instar de Boubal, il avait son visage d'avant-guerre. Je lui soutirai quelques nouvelles du groupe Octobre et fus ému d'apprendre que mes chers amis, les trois mousquetaires de la mélancolie, Toni, Roger Blin et Fabien Loris hantaient toujours le Flore.

Je les attendis vainement. Au bout de quelques heures, fusillé par le regard du patron qui ne cachait pas son désir de me voir renouveler ma consommation, je finis par m'en aller. Ma joie d'avoir retrouvé le Flore retomba un peu. Je m'assis sur un banc, boulevard Saint-Germain à quelques pas de la rue du Bac, et tâchai de faire le point. Elle commençait mal, ma vie d'adulte. Un passé heureux s'était effondré. J'avais pris l'habitude de m'appuyer sur les autres. Réduit à moi-même, je vivotais. Le présent me semblait flou.

Que devenir ? Me souvenant du passage d'un film muet où le héros incarné par Ivan Mosjoukine jouait son avenir à pile ou face, j'employai ce procédé. Il me fallait choisir entre la France et l'Angleterre. Je sortis une pièce de monnaie. Je la fis sauter en l'air, la plaquai au creux de ma main. Le hasard décida que je resterais. C'est ce que j'avais intimement espéré. Maintenant j'allais devoir attendre que la guerre se passe.

*
* **

Au quartier général du Flore, je rencontrai un élève du cours Dullin. Dans le rôle de Monsieur Lepic, il m'avait par deux fois donné la réplique à l'occasion de mes fameuses auditions de *Poil de Carotte*. Il revenait de guerre avec la mine d'un monsieur qui a raté ses vacances. Vieux garçon au physique ingrat, quarante ans environ, il détonnait, à l'école de l'Atelier, parmi la jeunesse. Son élocution trahissait, en dépit d'un énorme travail de diction, un accent paysan incomplètement éliminé. Il jouait les valets de Molière et divers exaltés du théâtre russe. Tenace, paisible, visiblement sans avenir sur le plan théâtral, il n'avait guère d'amis. Nous n'avions eu jusque-là aucun contact. Je fus surpris : son aspect fruste ne m'avait pas permis de deviner l'intellectuel. Il connaissait le clan Sartre. Les Kosakévitch me révélèrent que c'était un type très calé en philosophie. Est-ce la défaite qui fit nos deux indifférences d'avant-guerre se muer en sympathie soudaine ? Un demi-siècle de réflexion plus tard, j'en conclus que c'était un homme bon. Constatant que j'étais en voie de clochardisation, avec un grand sourire qui dévoila une dentition famélique, il proposa de m'héberger. J'eusse préféré une femme, mais je n'avais guère le choix. Je trouvais trop d'inconvénients à dormir chez le père. J'accompagnai donc mon camarade chez lui, à Montparnasse. Il logeait derrière la gare, au fond d'une impasse, rue du Château, endroit – je l'appris plus tard – où justement Marcel Duhamel et Prévert avaient habité entre les deux guerres. Les murs de ce petit appartement tapissés de papier noir ainsi que les plafonds et jusqu'aux parquets recouverts d'une toile cirée de deuil créaient une atmosphère de pompes funèbres. Le spectacle d'une femme nue dans ce cadre m'eût envoûté. Ce n'était malheureusement pas le cas de mon amphitryon mâle livide et poilu, au visage de gargouille balafré d'un rire muet, à la physionomie d'abruti : aucune présence poétique ! De plus je n'aperçus qu'un lit. L'idée de le partager avec lui me causa un désarroi infini. Exprimer ma répugnance n'eût pas été poli. Lui ne paraissait pas attacher d'importance à ce détail. Il commença à se déshabiller sans gêne aucune. Je constatai que ce philosophe se lavait rarement. Entre les doigts de ses pieds verdâtres on distinguait des coulées de crasse noire. Je fus sur le point de fuir, mais la peur du couvre-feu accrue de celle de le vexer me mirent dans l'obligation de rester. Il vêtit d'un pyjama son corps à la blancheur suspecte. Ses mains visiblement sales et ses ongles endeuillés m'inspiraient un léger dégoût. Je n'étais pas un fanatique de la propreté, mais conserver la saleté à ce point tenait de l'avarice. Après une vague conversation, chacun s'éloigna de l'autre comme d'un diable. Recroquevillé à un bord du lit, je m'endormis, un œil fermé en équilibre sur la pointe du rêve, l'autre mi-clos, méfiant, à la façon d'un chat.

Chaque soir, tandis que mon philosophe se déshabillait, m'apparaissait son corps parsemé de zones livides légèrement violacées. Étant donné l'absence de chauffage, je présumai que cette crasse lui tenait chaud, et qu'il la garderait jusqu'à la fin de l'hiver. Quoique ayant un nez plutôt insensible, aux premiers froids, je ne pus supporter davantage cette atmosphère confinée de vieux garçon et abandonnai son antre.

***

Paris se repeuplait. Les jours défilaient. On attendait qu'il se passe quelque chose. Cette guerre qui n'avait plus rien de drôle stagnait. Un monde d'ombres somnambuliques vivait cette époque épileptique entre l'écoute de la radio anglaise et le bouche à oreille. Les communiqués du haut commandement allemand annonçaient un prochain débarquement en Angleterre. A minuit, la ville mettait le loup noir du couvre-feu. La transition était toujours surprenante entre les ténèbres de la rue et l'intérieur des cafés, flamboyant comme une fête foraine. Un peu avant l'heure fatidique, il fallait déguerpir. Je m'accrochais aux basques de Loris, Toni et Roger Blin. Au cours de ces promenades me revenait le goût de la campagne découvert à Saint-Junien durant mes premières vacances, il n'y avait pas si longtemps. Une porte de café entrouverte par un client qui s'y engouffrait me rappelait le feu de camp, le ciel plein de vers luisants et cet instant où Madeleine m'avait offert ses lèvres.

Chaque jour, je me rendais au Flore et m'y installais en attendant l'arrivée de mes complices. L'heure n'était plus à la légèreté. Mais moi, je continuais à flotter, ne sachant que faire, doué comme je l'étais pour le farniente à une époque où tout était remis en question. Certains habitués se regardaient, étonnés et rassurés de retrouver les têtes d'avant-guerre. D'autres avaient la mine coupable de gens qui se sont trompés d'enterrement. En temps de paix je ne prêtais guère attention à la clientèle, n'ayant d'yeux que pour Prévert et ses disciples. Au début de l'Occupation, les regards se croisaient. Ma première impression fut que ce désastre rapprocherait les clans, éveillerait au cœur des intellectuels un sentiment de fraternité et ferait sauter les barrières qui nous séparaient. Mais en quelques jours chacun reprit ses habitudes et les tribus se cloisonnèrent comme avant. Je glissais tel un danseur de corde sur le filin de la jeunesse par cet automne merveilleux. Dix-huit ans déjà ! Je ne bénéficiais plus de l'immunité pubertaire. J'étais vraiment devenu ce qu'on appelle un homme. Quel ennui cette existence d'adulte. A mon insu, je me mis à cultiver les fleurs du doute qui poussaient dans le désenchantement. Un monde disparaissait, un autre naissait. La comédie de l'enfance était terminée. J'étais pris dans l'engrenage de la vie. Par chance, au fond de mes poches me restaient ces quelques années de bonheur qui me permettaient d'être un peu artiste, un peu en marge, un peu inconséquent. Fini le gosse acteur d'avant-guerre. La disette était arrivée. Je devais régler moi-même mes consommations, ne pas embêter les amis. Déjà à Marseille j'avais flairé le changement d'état. Rien à espérer des autres. Chacun pour soi. J'étais devenu un jeune vieux.

J'attendais je ne sais quoi ancré durant des heures au Flore. Planté près de la caisse, Boubal me soupesait le porte-monnaie. Fouaillé par son regard soupçonneux, je commandais le café rituel. Il me surveillait, devinant mon dénuement et mon désir de fuite. Il ne me lâcherait pas jusqu'au règlement de la consommation. Je n'étais certainement pas le seul à subir ce traitement. D'autres épaves commençaient à émerger. A leur entrée, ses gros yeux pâteux lançaient des éclairs. Parfois, complètement désargenté, j'attendais désespérément plusieurs heures avant de réussir à emprunter quelques sous. Quelle honte j'éprouvais à mendier ! Un soir je dus patienter jusqu'à l'heure du couvre-feu avant de pouvoir pressurer un ami qui avait eu la malheureuse idée de jeter un dernier coup d'œil dans le Flore avant de regagner ses pénates. Je suais d'angoisse à l'idée qu'il m'eût fallu quémander un crédit au terrible Boubal.

*
* *

Au bout de quelques semaines, j'éprouvais le regret de la Côte d'Azur, abandonnée pour ce Paris muet dont j'avais espéré retrouver le charme d'avant-guerre. La démarche, les voix, les regards, le comportement des gens paraissaient feutrés, hésitants, circonspects, pareils à ceux d'un malade sortant du coma. Me revenaient des bouffées de souvenirs. Je revoyais la Provence qui grouillait de réfugiés, bouillants de joie de vivre aux terrasses des cafés. Je revoyais la Canebière pareille à un fleuve où, entre asphalte et ciel, des milliers de silhouettes vibraient dans une atmosphère volcanique. Louis Ducreux m'avait une fois encore secouru, avec cette légèreté derrière laquelle il dissimulait sa gentillesse et sa politesse. Il jouait une pièce dont il était l'auteur. Conscient de ma détresse, il me proposa d'être chef de claque. Donc, chaque soir, je m'installais au paradis et suivais son jeu, ainsi que celui d'André Roussin, manuscrit à la main. Mon travail consistait à mettre en valeur les effets comiques par des réactions le plus spontanées possible à certaines répliques : rires, exclamations, onomatopées de contentement, applaudissements à l'entrée et à la sortie des acteurs. A la fin de la représentation, on battait des mains et provoquait des rappels, incitant les comédiens à revenir saluer. Je disposais d'un petit budget me permettant d'engager cinq acolytes que je payais modestement. Évidemment au début je fis partager ce pactole à mes amis parisiens retrouvés. A mon signal, le quintette de claqueurs s'esclaffait, applaudissait sur commande et manifestait une joie d'amateurs de théâtre en état de ravissement total. Mais leur zèle dura peu. Après avoir vu *Musique légère* deux ou trois fois, lassés, ils se dissipèrent et leur prestation en souffrit. Ils en arrivèrent à un point tel de non-conscience professionnelle que les spectateurs, gênés par leurs plaisanteries, tournaient vers le paradis des têtes courroucées. Cette entreprise sombra dans l'amateurisme. Je dus faire appel à des passants soudoyés devant le théâtre et ne connaissant rien à la culture, individus dépourvus de sensibilité, incapables de rire ou d'applaudir au commandement. Je finis par démissionner afin de ne pas désobliger Louis Ducreux.

Le groupe Octobre n'était plus que l'ombre de lui-même, la plupart de ses membres égaillés en France. Jacques Prévert, en Provence ; certains, prisonniers. Duhamel, je ne sais où, dans le Midi lui aussi. Ne restaient au port d'attache du Flore que Toni, Fabien Loris et Roger Blin qui, inchangés, planaient majestueusement au-dessus de ce drame national. Ils conservaient le même rythme de vie qu'en temps de paix et leurs beautés respectives resplendissaient. Pas pris une ride durant la défaite. Je les retrouvais presque chaque matin au café, noyau indestructible que coiffait le drapeau noir du doute. Collé à eux telle une tique, je me nourrissais de leur influence et assimilais sans m'en rendre compte leurs traits les plus marquants. Ainsi le moribondisme de Loris, dont la vision du monde était pessimiste et qui, regardant passer ces fleurs de chair que sont les jolies filles, commentait par : « Mais c'est tellement périssable ! » ou un « Même quand je bande, je me dis à quoi bon ? » Ou l'art de se regarder vivre l'instant présent de Toni, qui tenait durant des heures, l'esprit ailleurs, au loin, marmoréen ; l'humour un peu cynique de Roger Blin dont – si je n'avais appréhendé de le vexer – j'eusse volontiers emprunté le bégaiement tant il m'en imposait. Ah ! Que me plaisait le rythme apathique de leur doux train-train, réglé comme un horaire de chemin de fer ; n'eussent été les misérables questions d'argent qui me ramenaient à la réalité, je me serais fort bien contenté de ce mode de vie légèrement larvaire. Mais à l'heure des repas, ils filaient, mes ténébreux rêveurs, vers les nourritures terrestres des gargotes d'alentour. Lorsque j'avais des sous, je les accompagnais, mais quand mes poches étaient pleines de courants d'air, je restais assis près d'eux tandis qu'ils se sustentaient, prétextant un manque d'appétit afin de n'être pas à leur charge. Puis comprenant que le procédé les mettait dans l'embarras, je changeai de tactique : arrivé devant l'entrée de la mangeoire, je me souvenais d'un rendez-vous et partais me promener, l'estomac morose ; après un délai convenable je les rejoignais au Flore. Il fallait voir l'œil de torero avant la mise à mort que Boubal dardait sur nous, mauvais clients qui mobilisions une table en commandant le café qui nous mènerait jusqu'au dîner. Certains même s'installaient dès le matin et ne repartaient qu'au couvre-feu. Parfois Boubal n'en pouvait plus. Il se plantait à quelques pas des malappris et, feignant de parler à un garçon, condamnait à voix forte leur conduite anticommerciale. Dès le début de ces années de guerre, hors du refuge du Flore, nous dépensions notre temps à louvoyer entre les rafles et à courir les repas, à guetter certains signes annonciateurs d'un changement dans les comportements. Sans aller jusqu'au sentimentalisme, et encore moins à un début de fraternisation, les différents clans qui composaient la clientèle, quoique souvent de convictions politiques opposées, prirent tout de même acte de la présence des autres. Des regards se frôlaient, parfois même s'esquissaient de légers et subtils saluts de la tête créant de fragiles passerelles entre les membres de cette petite société dont une partie deviendrait célèbre à la Libération. En général, les gens de lettres ne s'aimaient guère. Ils n'éprouvaient qu'indifférence pour les œuvres de leurs confrères. Ils tournoyaient pourtant dans le même univers mais à la façon des étoiles, éloignés le plus possible les uns des autres. Avant la guerre, le clan Sartre fréquentait plutôt les cafés de Monparnasse. Pour ma part, je ne les rencontrais qu'au restaurant attenant à la sortie des artistes du théâtre de l'Atelier. Après la défaite, ils émigrèrent vers Saint-Germain-des-Prés. Je retrouvais au Flore les sœurs Kosakévitch, mes amies du cours Dullin, et Mme Simone de Beauvoir. Manquaient Sartre, prisonnier en Allemagne, et Bost, blessé au combat, en convalescence quelque part. La vie reprenait cahin-caha. Moi, toutou, toujours dans le sillage de Wanda. Par elle j'avais eu le grand honneur d'être admis dans la tribu en tant que petit invité. Le matin, lorsque j'apercevais Mme Simone de Beauvoir à son poste de combat en train de rédiger son journal de guerre, je feignais d'ignorer sa présence et allais m'installer modestement dans mon coin de moleskine. J'attendais de happer son regard avant d'oser la saluer discrètement, attente souvent mal payée car elle avait une façon bien à elle de relever la tête et de fixer le vide, perdue dans ses pensées, en pleine chasse intellectuelle. On eût dit un médium en transe et je n'osais la déranger. Le Castor – comme tous les privilégiés, je l'appelais par ce surnom – des heures durant, écrivait frénétiquement sous l'œil écœuré de Boubal. Je crois bien que ce fut elle qui lança la mode de travailler de la plume en public au Café de Flore. Mode qui, adoptée par les gens de lettres, fit fureur, à telle enseigne que, pendant l'Occupation, un visiteur ignorant eût pu croire qu'il s'était égaré dans la classe d'un lycée où bûchaient des collégiens attardés. L'atmosphère respirait ce calme studieux qui règne à la Bibliothèque nationale ou dans ces immenses brasseries que l'on trouve encore en province. Je ne cherchais pas à savoir à quel genre d'activité Mme de Beauvoir s'adonnait au cours de ces intenses concentrations. Je ne suis pas curieux. L'important était d'être toléré par elle. Par la suite, j'appris de Wanda qu'elle était professeur de philosophie et préparait un roman. Pour moi, elle était abstraite.

Une particularité me sautait aux yeux, sa façon de s'isoler. Elle dressait entre elle et les autres un mur qu'on ne pouvait franchir. Même sa voix au timbre laryngiteux restait intérieure ; seul le rire paraissait un peu plus naturel. Autour de sa personne valsaient nombre de jeunes gens, surtout des filles. La plus surprenante parmi ses disciples était Sorokine. Géante blonde, aux formes rubensiennes, aux manières de grenadier et dont le visage de poupée russe éclatait de santé. Ce splendide percheron aux naïvetés de boy-scout était parfois secoué de violences d'ouragan. Une personnalité hors du commun. Brusque, directe, elle aimait bousculer son prochain et n'y allait pas de main morte. Une primitive, une fille aux gestes en angles aigus et au corps tout en rondeurs où coulait un sang hérité de Gengis Khan. N'avait-elle pas, l'impudente, en plein Café de Flore, osé cuire des œufs sur le plat, à l'aide d'une petite lampe à alcool, camouflant cette opération culinaire derrière un rempart de livres. Le jour où le célèbre patron découvrit son manège, quel scandale ! Tout le Massif Central rugit par sa voix. Elle resta longtemps la bête noire de Boubal et du petit personnel.

*
*   *

Enfin ma bonne étoile se leva sous l'apparence de Jean Cocteau. Un après-midi, quai Voltaire, je le croisai qui débouchait du pont du Carrousel en compagnie d'un jeune homme, chef-d'œuvre de la nature, statue vivante, marbre de chair somptueux sur lequel les passants se retournaient comme s'il se fût agi d'une merveille de la Grèce antique échappée du musée où on l'emprisonnait depuis des siècles. Une femme sublime allant par les rues revêtue de sa seule beauté corporelle n'eût pas causé plus de stupeur. Je ne sais pourquoi, Cocteau me salua d'un léger coup de tête. Sans doute lui avais-je souri ou peut-être m'avait-il vu jouant au cinématographe. Il s'arrêta. Je m'arrêtai.

« Que devenez-vous ? » me lança-t-il. Je lui avouai que je ne devenais rien et n'étais pas au mieux de mes intérêts tant sur le plan des finances que sur celui du travail. Il portait un duffle-coat marron clair qui lui tombait aux genoux. A l'écoute de ma complainte, il parut songeur. Je devais avoir l'air d'être en pleine détresse, sinon comment expliquer que de but en blanc, sur le trottoir, il me dise : « Savez-vous chanter ? » Je fis modestement signe que oui. « Justement, Moysès rouvre le Bœuf sur le Toit. Connaissez-vous quelques chansons ? » J'opinai du bonnet. « Passez le voir de ma part, il vous écoutera. Je vais le prévenir. » Je le remerciai quoique peu enthousiaste à l'idée des peurs que j'aurais à subir en affrontant à nouveau le public. Je n'avais pas oublié le répertoire de mon enfance non plus que la vieille bluette en patois limousin : *« L'autre jour ié mi promenavo tou lou loung d'un turlutu... »*, mais je doutais de l'intérêt qu'y trouverait le public snob de Paris. Évidemment je savais des chansons de Prévert, mais Fabien Loris et sa voix étoilée me complexait. J'avais appris en outre un air farfelu de Tchimoukov dont immédiatement je fredonnai le refrain au poète en pleine rue :

Papillon de la Norvège,
Papillon aux blanches couleurs de neige,
Quelle que soit ton ambition,

Tu ne seras jamais qu'un papillon
D'exportation.

Cocteau écouta poliment sans manifester d'enthousiasme. Pourtant, après quelques secondes de réflexion, il décida que ce serait charmant. Prémonitoire, il ajouta même qu'il me voyait chanter, assis sur la queue du piano tel un papillon noir : image que je piquai sur un des herbiers de ma mémoire bien que je n'en eusse pas saisi la signification. Mais la couleur choisie par lui fut celle que j'employai plus tard pour me costumer lorsque le hasard et la nécessité firent de moi un chanteur professionnel. Et puis Cocteau l'enchanteur s'en alla en compagnie de la statue vivante. L'après-midi même, je me rendis à ce Bœuf sur le Toit situé non loin des Champs-Élysées. Il y régnait l'habituelle atmosphère nerveuse des jours précédant la générale au théâtre : ambiance d'autant plus sensible que ce cabaret était le premier lieu de plaisir à ouvrir ses portes depuis l'armistice. M. Moysès, grand bonhomme affairé, me reçut entre deux ordres à donner. Oui, ce cher Jean Cocteau lui avait téléphoné, oui vous passerez en lever de rideau. Le cachet ? Nous en discuterons après la prestation, oui... vous chanterez trois chansons, oui, la réouverture était prévue pour le lendemain, oui... je devais me mettre à la recherche d'un musicien. Là-dessus, il m'oublia. Ainsi, j'étais engagé. Je me rendis à l'hôtel des

Beaux-Arts, rue Bonaparte, où logeait un ami guitariste du groupe Octobre, Henri Crolla. Il accepta de m'accompagner et nous mîmes au point un petit répertoire. Nous nous connaissions depuis l'enfance. Plus tard, par son entremise, je réussis à m'installer dans cet hôtel si couru qu'il fallait user de ruse pour y louer une chambre.

Au Bœuf sur le Toit, une foule de noctambules occupaient la salle de spectacle, jusque sur la piste de danse. Je jetai un coup d'œil par un interstice du rideau. Des spectateurs serrés s'exhalait un vrombissement de ruche. Heureux de se retrouver en vie après une telle hécatombe, les rescapés de cette tragédie française échangeaient des nouvelles de leur santé et se racontaient comment ils avaient perdu leur guerre. Crolla et moi nous lançâmes un regard qui n'augurait rien de bon. Enfin la soirée démarra. Le directeur, Moysès, pénétra sur le proscenium. Les applaudissements éclatèrent, plus que chaleureux, émouvants. Ils célébraient les retrouvailles du Tout-Paris à l'agonie. Enfin Moysès nous présenta. Crolla prit place sur un tabouret et commença à jouer. Le son de sa guitare fut immédiatement couvert par la furia des conversations reparties de plus belle. Je pénétrai à mon tour. Personne ne me remarqua. J'entonnai ma chanson, *les Papillons de Norvège*, qui n'éveilla aucune curiosité chez ces vaincus. Au contraire, gênés par le son de ma voix, ils se mirent à vociférer. Je leur aurais annoncé la fin du monde qu'ils n'auraient pas cessé leur bavardage. Désarçonné, je me tournai vers Crolla et lui demandai s'il m'entendait. Il fit signe que non. Comprenant que nous étions de trop, nous pliâmes bagages et sortîmes sans que notre départ soulevât plus d'intérêt que notre entrée. Dans les coulisses le régisseur nous réconforta : « Ils seront meilleurs à la prochaine séance », assura-t-il. Je portais pour la circonstance mon pantalon gris perle dont la moderne braguette à fermeture Eclair m'avait séduit, merveille volée par Marie-Lise à son frère, célèbre scénariste. Je laissai donc, sur les conseils du régisseur, ce précieux vêtement dans la loge.

Le lendemain soir lorsque nous revînmes, ce dernier nous signifia notre renvoi. De surcroît, le passage de la veille étant considéré comme une audition, nous ne fûmes pas rémunérés. Mais je fus encore plus désolé par la disparition de mon magnifique pantalon, volé au cours de la nuit. Je protestai vainement. Personne ne s'intéressa à ce détail.

Je revis plusieurs fois Jean Cocteau au cours de l'Occupation mais je n'osai lui conter ma mésaventure. Son geste me le rendit cher pour la vie. C'était un prince charmant. Long, mince, une morphologie d'Afghan. Comme Jacques Prévert il parlait beaucoup, ouvrait grands les tiroirs de sa tête, y puisait mots drôles, histoires, réflexions, et critiquait, l'œil aux aguets. Il aimait séduire. Un conteur éblouissant. Bref, un enchanteur. Parmi les célébrités de l'époque que j'ai côtoyées, j'en ai peu connu d'aussi désintéressées, d'aussi aimables et accessibles. J'étais étonné des attitudes de rejet qu'ils suscitait chez mes amis du groupe Octobre et des jugements fielleux émis à son encontre par les gens de lettres à la dialectique cruelle. Je n'avais vu de lui que le personnage de comédie, gai, mondain et l'image que j'en garde est à l'opposé de celle qu'il présente dans son Journal, paru vingt ans après sa mort. Moi qui le croyais dur, lisse, suivant un chemin tracé, précis et net comme un rail de chemin de fer, un homme heureux en somme, je trouvai un écorché, inquiet de n'être pas reconnu à sa juste valeur, admirant et détestant ses amis ; d'un côté un homme conscient de son talent, de l'autre un personnage faible perdant par gentillesse et par désir de plaire des heures précieuses. Ne lui arracha-t-on pas sur son lit d'agonie une interview à propos de la disparition de la chanteuse Édith Piaf ? Cocteau était comme certains comédiens, qui souffrent de ne pouvoir séduire le seul spectateur qui ne les aime pas.

*
* *

J'avais revu Jean-Louis Barrault et Madeleine Renaud. Ils mirent à ma disposition une chambre dans une annexe de leur maison au fin fond de Neuilly. Là, je partageais ma couche avec un chien énorme, dont les grondements de tonnerre me terrorisaient, mais à la mâchoire heureusement édentée. Il montait la garde sur mon lit. Nous nous réchauffions mutuellement. Rude hiver. Au matin je regagnais Paris. Je me souviens du bois de Boulogne, où il m'arriva de croiser une bande de jeunes soldats allemands, torse nu, pratiquant la gymnastique dans la neige. D'autres se lavaient à grande eau glacée à la fontaine en rigolant avec des mines d'enfants qui font l'école buissonnière. Cette scène me frappa. S'y surimpressionnait dans mon esprit une photo parue dans la presse au début des hostilités, celle d'un soldat français sur le front en 1939, assis benoîtement sur une chaise, une mitrailleuse légère à ses pieds : casque, jambes emmaillotées de bandes molletières, il fumait la pipe, tranquille, installé à l'ombre d'un arbre. Il attendait l'ennemi. Le contraste entre les deux armées était frappant. Pas étonnant que la guerre se soit terminée par un désastre.

Au hasard des rencontres, je fus engagé en qualité de secrétaire particulier par un jeune homme nommé Claude Malraux, frère cadet d'un écrivain célèbre. Grand seigneur, il m'attribua ce titre pompeux et honorifique puisque ma tâche consistait surtout à attendre que lui vînt l'éclair de génie, l'idée qui lui apporterait la fortune. L'assister fut mon unique contribution à ce qu'il appelait ses affaires. Le matin suivant mon intronisation, dans sa chambre où il m'avait mandé, il me reçut en veste d'intérieur afin de me donner ses directives. Avisant des lettres, il me chargea de lui rappeler d'en prendre connaissance. Puis il bavarda de choses et d'autres. A plusieurs reprises au cours de la journée, je le priai respectueusement de lire son courrier sans qu'il y attache d'importance. Tout le temps de mon emploi chez lui, ce fut ma seule activité. A la réflexion, je pense que ce garçon n'aimait pas se sentir seul. Sa maîtresse, une gentille jeune femme, avait plaqué pour lui un sportif célèbre, une gloire de l'époque dont le nom brille encore aujourd'hui au fronton d'un stade. Cet homme, une force de la nature, toujours amoureux fou de l'émouvante — apparemment assez quelconque mais sans doute dotée de talents cachés —, s'annonçait le soir, régulièrement, au bar de notre hôtel, en compagnie d'une bande de gaillards athlétiques. A peine l'avait-on signalé que la dame de leurs pensées au nom poétique de Georgette disparaissait prestement tandis que Claude Malraux, non sans crânerie, rejoignait le malheureux Roméo musclé, entouré par sa propre bande – plus pique-assiette que combative – à laquelle j'étais intégré de par ma fonction subalterne. Heureusement, malgré leur rivalité, les deux hommes conservaient un maintien de gens de qualité. Ils se regardaient en chiens de faïence, mais l'atmosphère quoique crispée demeurait bon enfant. A l'heure du couvre-feu le sportif dostoïevskien et ses acolytes repartaient dans la nuit suivis de ceux de notre bande. Feignant une impassibilité de héros cinématographique, j'étais soulagé que ces rencontres ne dégénèrent pas en pugilat, impressionné par la stature de l'amoureux évincé.

L'hôtel de la rue Jacob où nous logions devait dater du début du XVIIIe. Il y régnait une atmosphère balzacienne et ce lieu correspondait en moins sordide à la pension de famille décrite par Maurice Sachs dans *la Chasse à courre*. Quelques suites somptueuses, quelques chambres vieillottes et des pièces réparties sur un balcon circulaire en fer forgé dont les portes donnaient sur la cour et où le jour pénétrait par un vasistas vitré. Je croisais parfois, entre autres locataires, un homme à l'air traqué accompagné d'une créature au regard aimable qui m'enveloppait amoureusement d'un sourire extatique. Il s'appelait Soutine. Il était peintre, et Marie-Lise, sa compagne, ex-femme de Max Ernst. Marie-Lise au rire de tourterelle dit de gorge, peut-être parce qu'il semblait s'envoler de la pointe de ses seins.

Je fus pris en charge et protégé par Claude Malraux. Sa présence était lumineuse. Jeune homme plutôt blond, bien fait de sa personne, à l'allure aristocratique rendue encore plus évanescente par l'aura de ses yeux d'un bleu automnal, encadrés de cernes violets et qui ressortaient subtilement sur la pâleur d'un teint presque transparent, épiderme caractéristique de ceux qu'on appelle des noceurs. Passant des nuits blanches, attirant dans son sillage une banderole de viveurs qui s'ingéniaient fiévreusement à satisfaire cette fureur de jouir que réclame la jeunesse en guerre ou pas, Claude jetait l'argent par les fenêtres. Il disposait d'une petite fortune. D'où la tenait-il ? On m'a raconté à ce propos – mais peut-être ai-je fabulé – une histoire farfelue. Avec son régiment, il traînait après la défaite sur le port d'Alger d'où il devait, n'eût été l'armistice, embarquer et rejoindre le front via Marseille lorsqu'il remarqua des troupes anglaises sur le point d'être rapatriées vers la perfide Albion. A la vue des centaines d'imperméables que ces malheureux baladaient sous le soleil africain lui vint une idée. Aussitôt pensée, aussitôt réalisée. En un temps record, il acheta tous ces waterproofs dont les soldats ne savaient que faire ; une fois démobilisé, il se débrouilla pour ramener sa cargaison en France. Quelques semaines plus tard il la revendait au marché noir. Faux ? Vrai ? Je n'en sais rien.

Je restai quelque temps le secrétaire plus que particulier de Claude Malraux. Ce travail qui consistait à ne rien faire me convenait. De plus il était généreux. Je profitais de sa prodigalité. Il m'invitait quelquefois avec Georgette dans des restaurants où le mot « restriction » était lettre morte et les prix ahurissants. L'organisation du marché noir permettait à d'heureux nantis de s'empiffrer. Il en est de même à chaque guerre et en période de révolution. Pour quelques-uns, alcools et vins coulaient à flots. On se retrouvait de plus en plus nombreux. Claude Malraux restait souriant, affable, un peu égaré sous cette avalanche de courtisans. La liaison avec sa petite amie Georgette, poursuivie vainement par les assiduités du redoutable sportif, tournait au collage officiel. Cet amour restait d'ailleurs pour moi un mystère. Peu à peu, à divers signes je compris que la période d'abondance touchait à sa fin. Le train de vie de Claude devint raisonnable puis serré et fut enfin nettement à la baisse. Un jour il prit congé et disparut. Par la suite je le revis surgissant au Café de Flore, aussi secret et aimable qu'à l'accoutumée. Durant cette occupation allemande, chacun allait et venait en somnambule, destin en bandoulière, morceau de savon et brosse à dents en poche, précautions à prendre en cas d'arrestation ; on était en transit entre deux rafles, deux prises d'otages, deux malentendus. A la Libération j'appris — par qui ? — la mort de Claude Malraux, tué, paraît-il, dans une cave à Rouen alors qu'il envoyait des messages en Angleterre.

*
* *

Je m'inscrivis près du rond-point des Champs-Élysées afin de toucher chaque mois ma ration de tabac. Pourquoi si loin de Saint-Germain-des-Prés ?... Je traînais un jour par là lorsque j'appris qu'il ne me restait que quelques minutes pour me mettre en règle avec l'administration. Je bondis chez le premier buraliste venu. Par fainéantise je restai fidèle à cet endroit durant toute la guerre. J'en fis une promenade habituelle. La vie devenait un labyrinthe. On errait à la recherche de viande, pain, beurre, sucre. Un jour où je venais de retirer ma maigrelette répartition de chocolat du mois, je rencontrai un ami qui, me voyant en possession d'un tel trésor, proposa de me l'acheter. Je refusai. Lors, il me déconseilla de croquer bêtement ma tablette en une fois, et, afin de mieux jouir de cette merveille, il me confia la recette d'un plat, d'après lui fameux, qui me permettrait de joindre l'utile à l'agréable : les nouilles au chocolat. Une fois la cuisson achevée, ma tablette convoitée délicatement fondue, j'arrosai ma mixture en me pourléchant. Je touillai l'ensemble. Enfin j'attaquai le festin. Dès les premières bouchées je compris que j'avais été joué. Ma bêtise m'atterra plus que mon innocence. Ce plat de nouilles était infect. De ce jour j'ai pour la vie mesuré mon degré d'imbécillité. Je ne les ai toujours pas digérées.

C'est à Marseille que j'avais commencé à fumer. J'avais contracté cette habitude à l'auberge de jeunesse de l'Anse-du-Prophète, initié par l'émouvante exodienne qui avait interrompu mon séjour chez Mme Veuve Vaccario. Elle me tendit sa cigarette, ma première, et j'avalai la fumée ainsi qu'elle me l'indiqua ; l'éblouissement louche qui en résulta me sembla être le prolongement du désir d'elle que j'éprouvais, d'autant qu'en aspirant je posai mes lèvres contre ses lèvres par l'empreinte du fard rouge sur le fragile papier de soie. Dire que ce vice fondit sur moi au moment où l'on contingentait le tabac ! Dans ce Paris nostalgique revenait souvent à ma mémoire l'image de mon initiatrice. Après ma rupture avec Mme

Vaccario, je les suivis, elle et son amie, dans un joli village qui dansait sur le flanc d'une colline. Leurs journées se passaient en farniente et bains de soleil. Elles se promenaient nues, insouciantes de la tragédie française. Sur le bas-ventre de sa camarade fleurissait une barbe noire impressionnante, à la Landru. Il leur arrivait de se rendre à Nice ; détail qui me choquait, elles glissaient dans leur sac une rondelle en caoutchouc transparent qu'elles appelaient — affreux nom — « capote anglaise ». J'en avais trouvé une par hasard sur la table et elles m'avaient raconté que les filles devaient toujours en emporter dans leur sac. Elles ne m'expliquèrent pas l'utilité dudit objet ; à leurs ricanements je me doutais qu'il ne s'agissait pas d'une hostie mais je n'osais les interroger.

Que les femmes étaient d'étranges créatures ! Lorsque je rêvais d'elles, je les imaginais éthérées ; pourtant parfois elles se conduisaient curieusement. Ainsi je les surpris un jour, reluquant à tour de rôle par un interstice du vieux mur ce qui se passait dans l'appartement contigu. Vivement intéressées par le spectacle qu'elles découvraient, elles ne m'entendirent pas entrer. Je leur demandai la permission de jeter un coup d'œil. Par cette fente j'aperçus une grande pièce. Au milieu un divan. Dessus un homme nu très long et très mince qui recouvrait une femme, nue également et dont je ne voyais que les jambes écartées et pliées à la semblance des cuisses d'une grenouille qui s'apprêterait à sauter. Ce spectacle me rendit plutôt triste. Espionner l'intimité de ce couple me choqua. Les deux filles collées contre moi manifestaient de l'impatience; l'une d'elles chuchota : « Ce qu'il fait bien l'amour ! » phrase qui me remplit de perplexité étant donné qu'accroché à la batracienne l'homme ne bougeait pas beaucoup plus qu'un cadavre.

****

Je rencontrais de temps en temps Sorokine en compagnie de Mme Simone de Beauvoir et parfois toute seule, au Flore ou dans les rues, marchant au pas de charge, bras lestés de sacs, gibecières, telle une girl-scout. Je plus sans doute à cette demoiselle car un soir, en secret, après un rapide fleuretage – était-ce l'hiver ou le printemps, je ne sais plus – nous échouâmes sur le lit d'un petit hôtel de Saint-Germain-des-Prés. Nue, elle était superbe. J'eus l'impression que j'allais faire l'amour avec une montagne. Ses formes sonnaient comme un défi en cette époque de restrictions. Quant à moi j'eus honte de montrer mon corps, déjà maigrelet à l'état de paix, devenu franchement famélique depuis la défaite. Je tournais au squelette. Une fois couché, je goûtai au bonheur d'enlacer collines, plaines et vallons modelés par cette chair, tout en parlant de nous, puis de Simone de Beauvoir, enfin de Sartre qu'elle jalousait bien qu'il fût encore au stalag. Après avoir évoqué nos connaissances, jeunesse aidant, nous en vînmes aux jeux de mains. Elle ne possédait aucun don d'amoureuse et, n'étant pas moi-même plus brillant, que nous restait-il pour passer le temps sinon faire l'amour ? Mais j'étais bien loin de l'émotion éprouvée envers Mme Dolvent, si laide qu'elle fût. Je finis tout de même par pénétrer cette belle déception. Ne pouvant compenser ce ratage par le métier qu'apportent les aventures, nous nous contentâmes de vaguement épouser nos deux jeunesses. Tremblant comme une toute jeune feuille d'arbre, sans même lui avoir donné du plaisir, incapable de maîtriser la montée des petits monstres qui ne pensaient qu'à leur avenir, malencontreusement troublé par l'ivresse des sens, j'eus le malheur de rester en elle. Après un instant d'effarement, illico presto elle me fit déguerpir d'un coup de reins puissant en hurlant sauvagement. Imposante, elle se précipita vers le bidet sauveur. Cette faillite jeta entre nous un froid de glace. Nous n'avions plus grand-chose à nous dire. Mais, prisonniers, nous fûmes obligés de nous supporter jusqu'à la fin du couvre-feu. Nous sortîmes de ce lieu de plaisir un peu avant l'aube.

Croyant peut-être que l'ameublement était compris dans le prix de la location réglé par moi et jugé par elle exorbitant, elle emporta dans un ballot draps, couvertures et oreillers. Elle me chargea même, je crois, de subtiliser le fameux bidet et nous passâmes presque à quatre pattes, courbés comme des ânes, devant la loge du veilleur qui ronflait. Après cette orgie, notre amourette tomba à l'eau.

Quelques semaines plus tard une rumeur parvint à mes oreilles. J'appris que Sorokine clamait à tout vent avoir été mise enceinte et s'être débarrassée de notre enfant en roulant sur un vélocipède par d'infernales routes mal pavées ; racontars qui m'auréolaient d'une réputation de goujat.

Pour moi, vue du Flore, cette guerre se déroulait autour de Saint-Germain-des-Prés à la façon d'un grand jeu d'échecs. Chacun suivait, sur la mappemonde de sa tête, victoires et défaites. Nouvelles, ragots et hypothèses voltigeaient de bouche en bouche. Dans ce café calme et ouaté les informations parvenaient d'un autre monde, celui du dehors, et prenaient une tournure presque abstraite. Il me semblait être à l'abri derrière les murs du Flore, en sûreté. Je gardai cette sensation durant tout le temps de l'Occupation, même lorsque le conflit devint planétaire et engendra l'insatiabilité de conquête des armées allemandes, qui s'enfonçaient d'horizon en horizon dans un rêve semblable à celui que caressa Alexandre. Durant ce rude hiver, le Flore fut un lieu où de l'entassement des corps émanait une chaude ambiance ; où chacun brûlait en autarcie, réalisant en quelque sorte un retour à la terre et à la simplicité biblique tel que le prônait le maréchal Pétain. Ce troupeau d'intellectuels vivait à la façon des montagnards d'antan qui logeaient sous le même toit que leurs bêtes afin de profiter de leur prodigieuse chaleur. Ah ! que de gens célèbres ou en passe de l'être, et dont les noms frétillent au bout de ma plume, m'ont réchauffé le corps et ensoleillé l'esprit par ces durs hivers.

Je revis les Desnos. Robert toujours aussi myope et convivial mais plus violent, c'est-à-dire de plus en plus anti-hitlérien, ne cachant ses opinions à personne, surtout pas aux chevaliers de la défense passive qui, dès la nuit tombante, rappelaient à l'ordre à coups de sifflet les locataires qui ne camouflaient pas leurs lumières ; manquement susceptible d'attirer les avions anglais, et d'entraîner une arrestation pour complicité avec l'ennemi.

Est-ce moi qui évoluais ou ces temps difficiles qui transformaient les rapports ? Je ressentais un malaise envers mes amis d'avant-guerre. Eux ne s'en rendaient peut-être pas compte, mais ils ne se conduisaient plus de la même façon. Le petit monde de mes rêves commençait à clopiner. Peut-être avais-je – déformation professionnelle – joué un peu trop longtemps l'enfant. Alors je me reposais sur eux. En quelques mois la différence d'âge avait été nivelée. J'avais du mal à assumer mon nouveau personnage d'homme.

Je passais donc au Flore le plus clair de mes heures, qu'entrecoupaient des incursions dans la ville pour glaner quelques sous. Dessinateur de boîtes de pâtes de fruits, figurant, doublure... Je remplaçai dans un cabaret un jeune comédien, un certain Reggiani, qui possédait déjà autant de métier à lui tout seul qu'un doyen de la Comédie-Française et une douzaine de sociétaires réunis, en fin de carrière. Je jouais dans une saynète le rôle d'un lion, et mes rugissements étaient, paraît-il, très personnels. Je devins même modèle et posai pour Collamarini, un sculpteur de Montmartre. Ce métier qui consiste à rester immobile des heures durant est le travail le plus fatigant du monde. Je campai un Apollon complètement dégraissé. Il paraît que la statue fut envoyée au

Portugal. J'ai longtemps songé à cet autre moi-même, libre, sous un ciel sans couvre-feu. Mona Doll, ma Diane, compagne du sculpteur, était celle qui tenait le rôle de ma mère dans *Richard III* à l'Atelier aux temps heureux de la drôle de guerre. Elle me nourrissait parfois. Un grand cœur !

*
* *

Ah ! Que j'eusse aimé faire du marché noir ! Mon premier essai ne fut pas concluant. J'avais réussi à obtenir par la gardienne d'un immeuble situé place de la Trinité un kilo de beurre vendu par avance à Collamarini et Mona Doll. J'apportai la fameuse motte chez eux rue Caulaincourt ; ils étaient absents. Je déposai donc mon trésor sur un calorifère dans la loge de la concierge. Malheureusement, un jour par mois on allumait la chaudière pour entretenir la machinerie. Évidemment... quelques heures plus tard, le précieux beurre répandu sur le sol était inutilisable.

Je fus engagé comme danseur pour figurer dans un ballet de Boris Kniaseff, l'inventeur de la barre au sol, un maître qui roulait les *r* et ponctuait ses phrases à coups de canne à la russe. Chaque matin, sous l'œil consterné de Kniaseff, je m'évertuais à assouplir mes maigrelettes guibolles.

« Trrès cherrrr, pourr la tête ça va encore... Mais pourr le corps, c'est un désastrre... » J'admirais les étoiles de la danse. Quelle fascination ! Yvette Chauviré, Youli Algarof, drogués de l'infini, bras et jambes embrassant les quatre points cardinaux.

Chien perdu à la merci du premier amphitryon venu, j'errais joyeux dans ce Paris carnivore. J'avais un estomac si vide qu'il en était concave et collait à ma colonne vertébrale. Durant toute l'Occupation j'ai rêvé d'avoir un gros ventre, à présent mon rêve serait d'avoir mon ventre de l'Occupation.

Au hasard des rencontres, aux environs de la place Clichy je fis connaissance d'un certain Jacques Viot, scénariste célèbre. Je ne sais pourquoi il m'invitait presque chaque soir à dîner – avenue Rachel à quelques mètres de l'entrée du cimetière Montmartre – dans un restaurant de luxe ou qui me semblait tel vu l'abondance des victuailles. Entre les plats, il me couvait d'un regard attendri et posait parfois une main protectrice sur la mienne. Parfois aussi, il me fixait, un sourire un peu hagard sur une bouche gênante, l'air énamouré. Il me zieutait sans cesse. La vue de ses lèvres gourmandes qu'il humidifiait de temps à autre d'un coup de langue agrémenté d'une moue curieuse me mettait mal à l'aise. Je ne creusais pas trop. J'ignorais que ce fussent là des avances. Homme délicat, âgé d'une quarantaine d'années, il montrait des manières très distinguées, très correctes, comme disent les demoiselles. Et puis j'avais si faim et me sentais si pauvre dans ma peau, comment aurais-je pu me prendre pour un objet de convoitise ? A dix-huit ans, on ne connaît pas son prix. Bref, j'abandonnais ma morale à la porte jusqu'à la fin de ces repas somptueux. J'ai si peu de goût pour les hommes que j'éludais le problème. Peut-être ce monsieur était-il timide ? Peut-être ressentait-il de la sympathie pour moi et cherchait-il seulement à m'aider. Je ne voulais lire dans ses façons que tendresse amicale. Il m'est arrivé quelquefois, chanteur vieillissant, de croiser le regard femelle de quelque éphèbe et d'y déchiffrer une invite à des rapprochements monstrueux. Je ne me sens pas plus concerné qu'en mon jeune temps. Affaire d'épiderme, voilà tout.

J'appris qu'on recherchait un comédien doublé d'un joueur de guitare. Henri Crolla m'enseigna deux ou trois accords et, armé de cet instrument, je me présentai au Théâtre des Arts, boulevard des Batignolles. Je fus reçu par le directeur, Jacques Hébertot, un long bonhomme dont le crâne maniaquement rasé avait l'aspect d'un casque à l'allemande en peau de poulet. C'était un immense pédéraste à morphologie de réverbère, un Giacometti gras à qui on ne s'adressait qu'en l'appelant « maître ». Il m'envoya me faire voir à l'auteur de la pièce, Fernand Cromlynk, qui m'accueillit affablement et m'écouta sans plus attendre. Lui resta en bas dans la salle au bord de la rampe tandis qu'agenouillé je le divertissais de roulades à l'espagnole. Il parut écouter mon jeu avec ravissement, un sourire voltairien illumina sa face maigre. Cela ne traîna pas ; à mon grand étonnement, je fus engagé sur-le-champ. J'en déduisis qu'à mon insu je devais posséder un talent musical jusque-là caché pour intéresser si fort un pareil bonhomme. Décidément le sort me gâtait. Plus tard je compris sa mansuétude. Il était sourd comme un pot et ainsi que le font les gens voulant cacher aux autres leur infirmité, il approuvait de confiance...

*
* *

A Montmartre on rencontrait souvent de belles âmes. Ainsi, je me souviens d'une fée, une rouquine qui adorait les artistes, et afin de les aider, partageait le lit d'un boulanger qu'elle n'aimait pas mais dont la profession était fort appréciée durant l'Occupation.

Chaque matin après la fournée de la nuit son mari se couchait et, durant son sommeil, elle volait dans la boutique pains, brioches, croissants qu'elle m'offrait ainsi qu'à d'autres amis, sans demander de tickets d'alimentation, avec parfois même sa jeunesse en prime. Il était joli ce petit monde vivant selon un code secret, celui de l'offrande, quand le cœur adolescent est encore du pain tendre.

*
* *

Grâce à Henri Crolla, j'eus donc la bonne fortune d'obtenir une chambre à l'hôtel des Beaux-Arts. Je retrouvai là Toni le ténébreux aux yeux couleur des mers du Sud, Loris et bien d'autres connaissances. La belle patronne, toujours de noir vêtue, était sans doute auvergnate vu son art d'extirper les loyers chaque fin de semaine à cette clientèle désargentée. Elle était convoitée vainement par nombre de messieurs qu'elle laissait sur leur faim. D'après les on-dit, fidèle à son mari prisonnier quelque part en Allemagne, elle avait juré de conserver cette tenue de veuve jusqu'à son retour. Elle en imposait autant par sa beauté que par l'observance de ce serment que d'aucuns trouvaient délirant.

Outre mes amis logeaient dans cet hôtel de nombreux artistes, peintres, comédiens, architectes, tous tirant le diable par la queue. A quelques pas de ma chambre vivait un couple. Lui, beau garçon, vrai miroir à femelles. Il devint d'ailleurs au cinématographe un jeune premier célèbre. Elle, jolie fille dont le nom à particule me surprit : Nina de Saint-Fargeau. Un jour leur porte s'ouvrit juste au moment où je passais. Nina sortit. M'effaçant galamment afin de lui abandonner le couloir, j'eus le temps d'apercevoir son compagnon dans la chambre. Elle me sourit puis échangea avec lui quelques mots tandis que je poursuivais mon chemin. Je la revis plusieurs fois. Dans cet hôtel, les habitants se croisaient comme dans la salle des pas perdus de la gare Saint-Lazare. Il arriva même, je ne sais plus comment ni pourquoi, qu'elle me proposa de me tailler la chevelure. Il est vrai que j'avais horreur des coiffeurs. Je n'y mettais jamais les cheveux. Je me les coupais moi-même. Je n'étais guère doué. Elle, non plus. Après l'opération qui eut lieu chez elle, elle me raccompagna jusque dans le couloir. Avant de refermer la porte, brusquement elle posa ses lèvres sur les miennes. Je volai rapidement un baiser, ébloui et étonné, car son ami était si beau garçon... M'offrir sa bouche, à moi qui me trouvais très laid. Décidément les femmes me déconcerteraient toujours. A la réflexion, je me demande si ce n'était pas pour se faire pardonner de m'avoir mutilé. Je la croisais quelquefois, toujours aussi légère, imprévisible dans ses manières, une joliesse d'oiseau. C'est par Jean Rougeul que j'en sus plus long sur cette personne. Il me raconta une des plus touchantes histoires d'amour que je connaisse.

Peu de temps avant la déclaration de guerre, elle vivait avec un journaliste juif qui décida de changer d'hémisphère avant l'arrivée du cataclysme. La veille de son départ pour l'Amérique, ce journaliste – appelons-le Franck – décida en guise d'adieu de commettre un vol afin de libérer sa bien-aimée de son passé infamant. Elle ne lui avait rien caché de sa vie. Nina de Saint-Fargeau était montée de province à Paris. Son vrai nom, Adrienne Bourgeois. Son rêve, devenir comédienne. Elle se réveilla prostituée ; son mari, peu jaloux, la mit sur le trottoir. Arrêtée au cours d'une rafle, mise en carte, fichée à la Mondaine, elle se voyait piégée pour le restant de ses jours. Même lorsqu'elle quitte le métier, une prostituée demeure l'esclave du milieu et de la police, marquée à vie, un peu comme par la fleur de lys sur l'épaule de Milady. Ce journaliste amoureux s'arrangea avec son maquereau pour qu'il lui redonne sa liberté et, afin de la sortir complètement du circuit, mit au point un scénario. Reporter dans un grand journal d'information, il proposa l'enquête classique des dessous de la prostitution. Thème de reportage rabâché. C'est ainsi que, protégé par son statut de journaliste professionnel et nanti des autorisations nécessaires, il réussit, cornaqué par un commissaire divisionnaire, à se glisser Quai des Orfèvres jusqu'au lieu sacro-saint où se trouve le sommier, unique objet de son rêve d'amant. Qu'on me permette une parenthèse balzacienne. A cette époque, le fameux dossier contenait tous les noms des prostituées en activité dans le pays de France et les départements extérieurs, réunis dans une espèce de meuble que j'imagine circulaire où chaque rayon correspondait à une lettre de l'alphabet. En quelques minutes on peut ainsi connaître l'identité des femmes en cartes. En somme une roue horizontale qui tournait à la façon d'un manège. Notre journaliste s'extasia comme il convient devant cette merveille, le commissaire lui en vanta l'efficacité et tandis que Franck prenait des notes, lui en expliqua le fonctionnement.

— Alors, si je comprends bien, lui dit l'autre innocemment, vous pouvez retrouver trace de n'importe quelle fille arrêtée sur la voie publique ?

— Absolument.

— C'est extraordinaire !... J'ai enquêté il y a quelque temps sur le cas d'une fille aux mœurs douteuses, à la demande de notre directeur — à propos d'une histoire curieuse. Cette personne s'appelle Adrienne Bourgeois, elle avait mis le grappin sur son fils. Cela reste entre nous, évidemment... Le bruit courait qu'elle avait été une prostituée.

— Vous dites Adrienne Bourgeois ?... Attendez un instant. Tenez, justement voilà sa carte, dit le fonctionnaire en la tirant du fichier.

— Ah ! C'est prodigieux... c'est prodigieux ! s'exclama Franck en s'en emparant.

Il l'examinait avec stupéfaction comme s'il n'en croyait pas ses yeux. Au moment de la glisser à nouveau parmi les autres, il indiqua de la tête un point à l'autre bout du local.

— Et ce fichier, là-bas, qu'est-ce que c'est ?

Le commissaire se retourna ; en un éclair le journaliste mit le document dans sa poche puis repoussa le tiroir comme s'il venait de remettre la carte en place.

— C'est le rayon du grand banditisme, répondit le commissaire en revenant vers le journaliste juste pour voir sa main quitter le meuble.

Tous deux continuèrent la promenade dans cette mystérieuse Tour Pointue. Son butin bien au chaud, Franck, l'enquête terminée, abandonna le commissaire. Le soir même il offrit à Nina de Saint-Fargeau sa carte de prostituée tel un amoureux des fleurs à sa belle.

*
* *

Ce fut une jolie période, celle que je vécus à l'hôtel des Beaux-Arts. J'avais enfin une chambre à moi. Accroché à Crolla tel un aveugle, je suivais sa guitare. Il m'emmenait parfois dans son monde, celui des musiciens. La danse était interdite mais il jouait dans des caves transformées en bals clandestins où la jeunesse, en dépit du danger des rafles, gambillait sur des menuets à la sauce africaine modernisés par Harlem. La police, paraît-il, tolérait cette pratique, peut-être parce qu'elle permettait de puiser parfois dans ce vivier des renseignements. Moi, je me partageais entre toutes mes inactivités. A la drôle de guerre suivie d'un drôle d'armistice succédait une guerre plus du tout drôle. Heureuse Albion. Personne n'eût parié un penny sur elle. Mais il y avait ce bras de mer qui retenait Hitler par la manche. En ce début d'hiver une population encore sous le choc d'avoir en un mois perdu l'Alsace, la Lorraine et le reste de la France par-dessus le marché attendait terrorisée la prochaine offensive du poète des abattoirs. Entre l'écoute de la radio de Londres et les communiqués de l'état-major allemand, les rumeurs volaient de bouche en bouche. On affirmait que pour stopper une tentative de débarquement sur leurs côtes, les Anglais avaient déversé des tonnes de pétrole, transformant la mer en annexe de l'enfer. Des gens bien renseignés disaient que des trains sanitaires avaient regagné l'Allemagne remplis de soldats brûlés.

Crolla et moi nous trouvions un soir chez un

musicien, joueur professionnel qui gagnait plus d'argent au poker qu'avec son harmonica. Tout était tranquille, un joli clair de lune baignait Paris. La femme de notre hôte nous avait nourris. Une âpre partie de cartes s'engageait lorsque brusquement les sirènes poussèrent leurs hurlements funèbres. Personne ne les prenait plus au sérieux depuis l'armistice, puisque ne restait en lice que la perfide Albion. Soudain le ciel nous tomba sur la tête : une explosion gigantesque. Ma première bombe. J'en fus terrifié. En quelques instants les canonnades de la défense passive contre-avions embrasèrent la ville de traces lumineuses. La cible paraissait proche de l'endroit où nous étions : les usines Renault de Billancourt. A chaque déflagration je tremblais à l'unisson des murs de l'immeuble. Mon cœur battait, on eût dit un oiseau qui cherche à s'évader. Mais comme aucun de ces joueurs ne semblait vouloir rejoindre les abris, j'adoptai leur impassibilité. Ils continuèrent leur poker. En fait la guerre commençait.

Ignorant le vaste monde qui entourait le Café de Flore, chaque matin, rivé à mon coin de moleskine, je goûtais le spectacle rassurant de ces laboureurs de la pensée qu'étaient les littérateurs au travail. Silhouettes ombreuses penchées sur leur table, emplissant des blancs feuillets de mystérieux messages. Évidemment l'intérêt que je leur portais datait de ma rencontre avec les Sartre.

A mon tour piqué par la tarentule de la littérature, en cachette, j'écrivis quelques pages sur mon enfance. Je dus en parler à Wanda qui me conseilla de les soumettre au jugement de Mme de Beauvoir. Elle eut la bonté de les parcourir et m'incita à continuer ; de plus elle m'offrit son aide. De loin en loin je lui livrais mes pattes de mouches qu'elle passait au crible de son jugement. En conclusion, elle décida que j'avais quelque chose à dire. Le grand mot était jeté. Impressionné et flatté par ses encouragements, je poursuivis. Le clan Sartre me fascinait encore plus qu'au temps du théâtre de l'Atelier. Le Castor, Sartre et Bost étaient à mes yeux la Sainte Trinité. Elle, m'apparaissait comme une déesse au double visage : tantôt le Castor, sorte de machine à écrire humaine, lointaine, inaccessible, rivée à son travail, tantôt gentille et accueillante à ses heures de récréation. A d'autres moments encore, Mme Simone de Beauvoir rabattait un rideau de fer entre elle et les autres.

Je lui trouvais une aura impressionnante sous

des dehors effacés ; ses éternels turbans la coiffaient de mystère — était-ce une protection ou un ornement ?

Quelques mois plus tard, j'apposai le mot FIN sur mon œuvrette et la mis de côté sans en espérer rien d'autre que la satisfaction d'avoir fabriqué un objet. J'avais découvert le plaisir d'écrire : une des rares drogues gratuites, non punies par la loi. C'est surprenant de descendre au fond de soi, d'explorer ses cavernes et d'y retrouver le fil des émotions d'enfance encore proche, images, sensations sur le point de disparaître. Voulant jouer à l'écrivain jusqu'au bout, je cherchai un titre à mes gribouillages. Le Castor proposa « M'man », à quoi je trouvai un parfum trop sentimental. Je finis par adopter « Enrico », bien que ce prénom n'eût aucun rapport avec le récit ; c'était celui de mon camarade Crolla. Je ne lui avais pas donné une forme autobiographique mais une construction romanesque, j'apportais à la réalité fantasmes et affabulations, auréolés de rêve. Depuis la découverte de Stendhal je n'avais pas éprouvé autant de contentement. Je n'en revenais pas d'avoir pondu quelques pages, moi ignorant tout des règles de la langue française écrite. Après la Libération « Enrico » parut dans une revue, *l'Arbalète,* de Barbezat, puis fut édité par la maison Gallimard. Ma syntaxe hémiplégique déplut à certains, plut à d'autres. Quoi qu'il en soit, cet essai me concilia les bonnes grâces du clan Sartre et mes rapports avec eux devinrent plus chaleureux. Ceux-ci n'allaient pas jusqu'à la camaraderie car je n'étais pas de leur monde et puis ils m'impressionnaient trop ; mais enfin ils m'acceptaient, ces phénomènes que je plaçais sur une orbite loin du commun des mortels.

Je travaillais de façon épisodique. Ainsi je posais pour des magazines. Je personnifiais des voyous. J'eus même droit à la première page du roman, *l'Assassin,* d'un célèbre auteur, Maurice Genevoix. On me voyait en gros plan, un coutelas à la main, l'œil mauvais et aux lèvres un rictus de fauve qui remontait jusqu'aux narines. L'assassin, c'était moi.

Mme de Beauvoir, s'étant aperçue de mon dénuement, eut la gentillesse de m'adresser à une de ses amies qui travaillait à la rédaction de je ne sais quel journal féminin. Cette personne me commanda une nouvelle. J'écrivis « Amour de gitane », sombre histoire de mœurs entre un petit ouvrier et une jeune manouche. Je lui envoyai le manuscrit. Je n'ai pas encore reçu de réponse.

Je vivais un peu dans le brouillard, c'est toujours mon état d'esprit. Aujourd'hui, à la lecture des Mémoires de Simone de Beauvoir, je comprends qu'elle était une femme comme les autres, avec des qualités, des travers, un sexe, des tendresses et certainement aussi des faiblesses, plus un formidable besoin de réussite. Elle emmagasinait notes et procès-verbaux de ses journées, ce qui éclaire cette prodigieuse tendance à vous préciser que tel jour, à telle heure, tel mois, telle année, dans telle ville, par tel temps, elle prenait un café en ayant mis tant de morceaux de sucre dans sa tasse. Il y a des gens comme ça qui commencent par être des castors et se transforment en fourmis. Ses *Lettres à Sartre* qui viennent de paraître me surprennent par leur ton cancanier, une vraie pipelette amassant des petites histoires intimes afin d'amuser le maître.

En ce qui me concerne, je dirai simplement que Mme de Beauvoir avait quelquefois la dent dure, mais souvent creuse.

Elle m'emmenait parfois écouter des concerts dans la salle du Conservatoire, près des Grands Boulevards, le samedi, jour de la répétition générale. Je n'entendais pas grand-chose à la musique classique et cet air compassé du public mélomane m'en imposait. Les musiciens entraient par petits groupes, habillés en gens ordinaires, leur instrument à la main. Ils s'asseyaient sur la scène au fond de laquelle, il me semble, se dressait un orgue immense et bavardaient en accordant leurs instruments. Dans la salle, les spectateurs compulsaient le programme avec des mines de dîneurs qui choisissent les plats sur la carte d'un restaurant. Puis apparaissait le chef d'orchestre salué par des applaudissements. Cet homme soulevait une ferveur stupéfiante chez les dames présentes. C'est vrai, il était très beau. Il s'établissait une complicité entre lui et elles. Il s'appelait Charles Münch. Les visages féminins se pétrifiaient dans l'attente du miracle. Impressionnant comme un prestidigitateur, il levait une fine baguette et d'une main devenue magique tapait sur son pupitre; l'orchestre soudé à lui se mettait à jouer. Ce que je préférais durant ces déferlantes de grande musique, c'étaient les changements de page. En une envolée chorégraphique les musiciens libéraient sur la scène mille oiseaux blancs qui prenaient leur essor dans un bruissement léger de papier, puis s'enfuyaient vers le rêve.

Dehors, après le concert, le public stationnait devant l'entrée de la salle, tels des fidèles sur le parvis au sortir de l'église, des spectatrices surtout, amoureuses de Münch, au célèbre toucher de baguette. Durant quelque temps, j'étais gonflé d'une envie d'ailleurs. Puis les gens s'en allaient, chacun emportant sa solitude. Un peu plus haut, on arrivait sur les Grands Boulevards. Que c'était émouvant d'abandonner le vaisseau du Conservatoire où resplendissait l'orgue, majestueux coquillage géant. Tandis que je serrais la main du Castor, elle me disait : « Ça vous a plu ? » ou : « C'était bien, n'est-ce pas ? » Puis elle s'enfuyait à petites enjambées comptées, de sa démarche aussi caractéristique que ses turbans. Alors je me retrouvais immensément seul, glissant un peu au-dessus de l'asphalte avec des mouettes crayonnant des adieux sur le ciel de ma tête et le sentiment d'avoir effleuré la beauté. La grisaille quotidienne des boulevards en était irisée.

Certains matins, dans le désert du Flore, touché par la mélancolie de Boubal, le patron, je le lorgnais en hypocrite. Immobile, en sentinelle près de la caisse d'où émergeait le buste de Madame, magistrats sans prévenu, ce couple regardait l'horizon dans l'attente d'une marée d'alcooliques. On aurait dit qu'ils soupesaient tout le manque à gagner dû à cette désaffection.

Ces matins-là, on retrouvait un charme qui n'existe qu'en province. Je demeurais des heures entières à rêvasser, en famille, dans cet endroit du monde que j'aimais le plus. J'y tenais mes assises. Je participais me semblait-il à la marche d'une mécanique solaire. Je suivais la vie du café en décodant divers signes connus de moi seul. Là-bas, à l'hôtel des Beaux-Arts, endroit anonyme, je me sentais étranger. Je n'étais qu'un passant. Allées et venues de femmes de ménage, vagues saluts entre locataires inconnus, à ne plus savoir si on était soi ou un autre tant l'agglomérat de toutes ces intimités obligeait à prendre des distances. Au

Flore, le moindre incident, la plus infime dérogation au train-train transformait l'atmosphère. Une silhouette qui entre... une voix trop forte qui passe sa commande... quelque bévue d'un garçon en servant le client, et je me sentais concerné. J'étais un habitant de ce village. Dominé par Boubal, je craignais ses réactions. Accoté à la haute caisse dont il semblait un prolongement, il supervisait de ses yeux globuleux chaque parcelle de son royaume avec un air de propriétaire. Il fallait voir son regard dégoûté se poser sur le Castor, Sartre et autres plumitifs ainsi que sur les mouches qui prenaient leurs bains de soleil ou siestaient sur les tables luisantes.

Homme de taille normale, solide, bourgeoisement habillé, son expression coutumière était celle d'un bébé boudeur qui pressent que les sous ne poussent pas sur les arbres. Selon les circonstances, son visage pouvait devenir charmant, méfiant, rusé, parfois coléreux : il avait alors l'aspect d'un bouledogue à qui on chercherait à subtiliser sa pâtée. Sa dame, belle Auvergnate à l'impassibilité accueillante, des années durant ne montra d'elle qu'une moitié, celle du haut évidemment. Après la Libération, sans doute enhardie par la brutale révolution des mœurs et la lecture du *Deuxième Sexe* de Mme de Beauvoir, elle descendit de son perchoir. Cette inconnue familière révéla qu'elle possédait non seulement un torse mais aussi des hanches et des jambes qui en valaient bien d'autres. Elle déclencha de secrètes passions chez des habitués célèbres...

La guerre terminée, le Café de Flore devint grâce à cette clientèle désargentée l'antre de l'existentialisme et Boubal le bougnat littéraire le plus connu du Massif Central et du monde occidental. Un grand nombre de ses habitués tenaient le haut du pavé de la pensée. Boubal n'eut pas la tête enflée pour autant. Une seule fois, il se laissa aller à un mouvement d'orgueil. L'écrivain Albert Vidalie, pilier du Flore, l'avait abandonné à la suite d'une vineuse querelle, pour la brasserie Lipp, située en face. Un jour, visiblement pris de boisson, apercevant Boubal à sa terrasse, il l'apostropha d'une voix forte et ce, devant toute la clientèle. « Je vais boire une bière chez Cazes, parce que chez toi, elle est dégueulasse. » Boubal supporta l'affront sans répondre et son silence mit Vidalie hors de lui. « Et puis tu as une clientèle de salauds. Toutes les tantes de Paris y ont élu domicile. » Boubal resta de marbre. Alors Vidalie poursuivit en hurlant : « Même Camus, même Sartre, même Prévert n'osent plus mettre les pieds chez toi. » A ces mots Boubal se redressa fièrement et lui lança, « Des Camus, des Sartre, des Prévert, j'en ferai d'autres ! »

Une cérémonie me fascinait : l'entrée des habitués du Flore, comparable à celle de comédiens sur une scène de théâtre. C'est à ce moment précis que pèse de tout son poids le rayonnement, la présence de chacun. Chaque clan possède son style, une façon de pénétrer et de se mouvoir caractéristique. Beauvoir et Sartre, par exemple, n'interrompaient pas le dynamisme de leur marche, ils allaient droit au but. Le Castor, l'œil fixe et absorbé, trottinait vers sa table comme si elle se rendait à son bureau. Sartre de même. La pulsion qui les habitait les entraînait vers un but indiscernable pour moi, à l'époque. Les membres et sympathisants du groupe Prévert, eux, en général, passé la porte vitrée, stoppaient puis cherchaient du regard un ami auquel s'accrocher. Roger Blin agrémentait son temps d'arrêt d'une petite pirouette, comme s'il allait prendre la fuite. Leur satisfaction, c'était de tomber sur une connaissance : des fraternels ! Ils ne cachaient pas qu'ils n'avaient rien à cacher. J'appréciais particulièrement un autre petit clan. Leur chef, un nommé Adamov, étrange bonhomme au visage d'ogre qui se transformait parfois en un vrai champ de bataille tant les boutons y fleurissaient, glissait vers l'extrême droite de la salle, le profil en forme de proue, ne regardant ni à droite, ni à gauche, conservant la mine du prêtre qui ne veut pas se laisser tenter par le démon et remâche des passages de la Bible. Les quelques membres de son clan, avec des airs de conspirateurs, s'entretenaient à voix feutrée. Adamov possédait de grands yeux verdâtres qui jetaient alentour des regards suspicieux. L'été, il adoptait des vêtements presque sportifs et j'admirais ses spartiates d'une simplicité biblique, maintenues par deux cordons qui laissaient voir ses pieds dont la beauté égyptienne me frappa. M'intriguait surtout une jeune femme, toujours de noir vêtue, qui, rejoignant cette compagnie d'une démarche de souris craintive, éveillait en moi un désir étrange. Elle m'impressionnait, d'abord parce qu'il devait s'agir d'une intellectuelle, ensuite à cause des incessants frémissements qui parcouraient sa robe et trahissaient un corps secret que j'imaginais forcément sublime et d'une blancheur de lune sous les draperies funèbres. Après la guerre, j'appris son nom : Marthe Robert. J'en fus amoureux longtemps. Je n'ai jamais osé lui adresser la parole ni la contempler plus de quelques secondes. Au cours de l'Occupation, un jeune homme rejoignit le groupe. Qu'il était beau ! Un soleil ! Un peintre, paraît-il. Chaque fois qu'il apparaissait, l'attention générale se portait sur lui, celle des dames du Flore plus particulièrement. Fascinées par cette merveille de la nature, toutes brûlaient de savoir quel genre d'artiste il était, ce qu'il faisait dans la vie, s'il était disponible et surtout s'il aimait les femmes. Les commentaires allaient bon train. Chose curieuse et qui soulevait la perplexité : lui ne se souciait pas de son succès auprès d'elles. Rien dans son comportement ne trahissait cette supériorité qu'accorde à un être le privilège de la beauté. S'ignorer à ce point cachait quelque chose. Ce mystère ne fut éclairci qu'après la guerre. Il avait perdu son éclat solaire. Toujours aussi blond mais déchu de sa splendeur physique d'antan, un ange calciné. Changement qui ne parut en rien l'affecter. L'explication de son attitude était simple, une émouvante du groupe osa, un jour, l'interroger. Elle tomba des nues. Une révélation. Il n'avait jamais su qu'il était beau !

*
* *

De temps en temps apparaissait Maurice Sachs. Je m'en méfiais instinctivement, sur les dires de certains membres du groupe qui ne parlaient de lui qu'en ricanant. Il existait à la façon d'un traître de mélodrame. Il surgissait de la tenture de la défense passive qui obstruait obligatoirement l'entrée et, passé la porte vitrée, jetait un coup d'œil investigateur sur l'assemblée des buveurs avec la mine un peu inquiète du monsieur qui a un rendez-vous d'amour secret et signifie ostensiblement qu'il ne voudrait pas que cela se sache. Il me répugnait un peu et sa réputation me faisait même le craindre. Je connaissais le garçon qu'il aimait, un jeune comédien discret qui n'avait pas l'air doué pour le rôle d'homosexuel. On disait Sachs de la pègre, quoique n'étant pas vraiment du milieu. On disait aussi qu'il avait été curé. Personne dans le groupe Octobre ne le prenait au sérieux. Plutôt grand, il se gonflait du jabot, par là rehaussant encore sa taille, et toisait la salle. Après sa disparition, la publication de ses bouquins révéla la dimension du personnage. *Le Sabbat, la Chasse à courre, Derrière les barreaux,* lectures d'une déchirante vérité, aveux d'un homme que ses pulsions incitaient à ne choisir que les mauvais chemins. La gloire littéraire posthume l'auréola. Pauvre Sachs qui de son vivant ne rêvait que d'elle et ne récoltait que plaies et bosses. Ses livres pleins de saloperies, folies, chasse au bonheur étaient écrits à l'encre de l'adolescence. La grande douleur d'être victime de sa nature malhonnête expliquait les méandres de sa vie quotidienne qui zigzaguait entre deux délires. C'était un salaud légendaire, marqué d'une fleur de lys. Cruelle ironie du sort ! Dire que cet écorché de l'amour, un peu trop gras, louche, infréquentable, autour de qui flottait une atmosphère poisseuse ne trouva le succès que dans son destin même. Il fut, selon les uns, abattu par ses compagnons de travail à Hambourg, selon d'autres exécuté sur la route de l'exode par les gardiens allemands, certains encore affirment qu'il fut dévoré par des molosses dans un camp de concentration. Allégations incontrôlables... Serait-il sorti sans dommage de la Libération ? Rien n'est moins sûr. J'essaie de le réinventer entrant au Café de Flore. Mon souvenir est sans doute faussé par les photographies de lui que j'ai vues depuis dans les magazines. Je ne suis sûr que d'un sourire vague qui se veut charmant, d'une silhouette plus coquette qu'élégante et, au-dessus d'une chemise laiteuse, d'un visage aux traits imprécis, d'un front plastronné de calvitie.

A force d'admirer les uns et les autres et d'écouter ce qu'ils disaient, je me mis à penser par moi-même. Ainsi je m'aperçus, en passant de clan en clan, que je trouvais à chacun d'eux un intérêt, même si leurs façons d'être et leurs goûts n'étaient pas les miens – par exemple en matière de littérature. J'étais frappé par leurs choix différents et sans appel. Pour Duhamel avant-guerre, et presque tout le groupe Octobre, c'étaient les Américains et les surréalistes. Le reste ne les intéressait pas. Sassiat, mon copain du théâtre de l'Atelier, lui, ne jurait que par Cami, l'humoriste. Ceux du clan Sartre bavaient d'admiration pour Kafka... Mon manque de personnalité aidant et bien qu'amoureux de l'œuvre de Stendhal, je constatais que je prenais du plaisir à lire toute une variété d'auteurs. J'y puisais toujours quelque chose. Les livres étaient pour moi comme des femmes. Chacune possède un grain de beauté ou de laideur attirant. Je ne réagissais pas autrement à propos des peintres, restant coi devant l'avis des sectaires qui affirmaient, péremptoires, qu'il n'en existait qu'un : le leur ! C'était Breughel, c'était Rubens, Picasso, Renoir, Matisse, Van Gogh... Moi, j'aimais moins les peintres que la peinture. Y compris celle des artistes du dimanche qui ne valait peut-être rien mais qui était le geste d'offrande d'un inconnu. Mes plus beaux musées restent les vitrines des marchands de tableaux qui, rue Saint-Honoré ou à Saint-Germain-des-Prés, vous lancent à la façon des putains de Hambourg une invite à venir vous rincer l'œil de formes et de couleurs. Bref, un spectateur, même pas un témoin.

J'aimais le quartier de Saint-Germain-des-Prés, peut-être plus qu'avant-guerre. Il représentait à mes yeux quelques années de bonheur et jusque dans l'indifférence des pierres, des arbres, des pavés, du bitume, je lisais une promesse de retrouver un jour, inchangée, l'ancienne joie de vivre. Les flâneries dans les rues paisibles, boutiques d'antiquaire, galeries, librairies vieillottes, tout fleurait le charme discret de la province. Même les soldats allemands en balade avaient l'air respectueux des visiteurs dans un musée. Le centre en était la place où voisinaient l'église et les cafés grands et petits tenus généralement par des patrons descendus du Massif Central, maîtres de ces lieux que fréquentaient littérateurs, journalistes, sculpteurs, architectes, avocats, docteurs, comédiens, ennemis ou amis, tous observant une neutralité de bonne compagnie : de la brasserie Lipp au Café de Flore en passant par les « Deux Mégots », surnom donné par Loris, je me sentais au cœur d'une étoile amie dont les branches mouraient aux points cardinaux qu'étaient pour moi Saint-Michel, la Concorde, le Palais-Royal et Montparnasse. Durant toute l'Occupation, les Allemands ne mirent pour ainsi dire jamais les bottes dans ces cafés. Pourquoi ? Personne n'a donné d'explication. Prenaient-ils conscience en entrant d'une sorte de rejet de la part de cette clientèle ? Les rares à franchir la porte se sentaient-ils de trop parmi ces vieux étudiants ? Cinquante ans plus tard, revenant parfois dans ces lieux, je rencontre des survivants de cette époque ; nous échangeons de ces regards méfiants que se lancent les villageois de Paris qui ne veulent pas frayer avec un étranger.

C'est par la voix de Loris, le moribondiste, que je découvris, envoûté, le charme de Paris, ténébreux palais, ville sans lumière où le ciel chaque nuit revêtait une robe du soir ruisselante d'étoiles. Alors je retrouvais le parfum de la terre et de mes premiers jours de vacances. Quittant le Café de Flore à l'approche du couvre-feu, nous nous en retournions à l'hôtel des Beaux-Arts et, notre petit groupe occupant toute la rue Bonaparte, Loris chantait de vieilles complaintes françaises et des chansons de Prévert qui parlaient d'amour et de liberté. Son timbre italien me ramenait avant-guerre. J'y retrouvais ma joie de vivre, moi qui contrairement au dire du maréchal Pétain avais si peu joui. Aux douze coups de l'église, le couvre-feu se posait sur les toits comme un drap sur un cadavre. De ma chambre sombre, accoudé à la balustrade donnant sur le ciel et les rues, j'écoutais parfois le chant des patrouilles allemandes scandé par la batterie de leurs bottes. Je m'en gavais, comme d'une bouffée d'infini. C'était quand même surprenant d'être de ce grand bal où les astres valsaient par tout l'univers tandis qu'en proie à une danse de Saint-Guy les hommes s'étripaient sur la croûte terrestre.

Il s'en passait des choses, au cours du fascinant ennui qui consistait à tuer les heures à ne rien faire, qu'à attendre au Flore ! Ainsi ce ballet de têtes convergeant à la façon d'un troupeau d'oies vers le nouveau venu dont le visage apparaissait derrière la porte vitrée : on eût dit que les clients espéraient un être dont leur sort allait dépendre. Était-ce le fait de rester enfermés des heures durant, tels les prisonniers de la santé qui, de la lucarne de leur cellule, entre les barreaux, peuvent apercevoir les allées et venues des gens libres sur le boulevard de Port-Royal et que fascine le visiteur apportant avec lui l'air du dehors ?

Chaque semaine, le cheptel littéraire augmentait. La plupart des habitués réapparurent. Nouveaux et anciens se racontaient comment ils avaient perdu leur guerre. En quelques mois, on était passé dans un autre monde. Sartre reprit son travail de plume et de tête, impressionnant, une fois en action à sa table. C'était un homme qui prenait sa dimension assis, mais il était loin des marathoniennes séances d'écriture du Castor. Plus nerveux, une usine à penser. Il me stupéfiait toujours, que je le croise au café ou dans la rue, le déclic se produisait. Je me sentais décortiqué par le regard de cet étrange bonhomme, ordinateur possédant une vie propre, laboratoire qui se mettait en marche automatiquement et tirait de tout et de rien matière à penser qu'il transformait en écriture. Bref, un homme pas simple.

Prévert, lui aussi, revenu de la Côte d'Azur, reprit le chemin du Flore, sourire d'avant-guerre aux lèvres et liasse de journaux du matin sous le bras. Il reluquait les nouveaux venus. Je crois avoir essayé de provoquer une rencontre entre les deux groupes, mais mon initiative resta sans suite car autant les Sartre sous des dehors fermés étaient ouverts, autant Prévert sous ses dehors ouverts... Il se méfiait des intellectuels qui jouent avec les allumettes. Chaque clan resta sur son quant-à-soi. Pourtant je surprenais des fissures, coups d'œil légers, sourires esquissés. Au fur et à mesure que le conflit évoluait, une évidence s'imposa. Ce microcosme, modèle de démocratie où le pluralisme était de rigueur, se divisait en deux camps. Ceux qui étaient pour et ceux qui étaient contre la victoire de l'Allemagne. Mais collaborateurs et résistants réunis dans le même vivier se supportaient.

Il m'est arrivé, quelques décennies plus tard, de croiser une tête d'antan, de la saluer, pour m'apercevoir dans le même moment qu'il s'agissait d'un ancien ennemi. Peut-être cela traduisait-il mon angoisse de devoir quitter ce monde dans un avenir plus ou moins proche ? Signe fraternel, en quelque sorte un adieu, effaçant tout ce temps d'infréquentation.

Pour ce qui est de mes trois mousquetaires, des péripéties de leur vie me parvenaient par bribes. Ainsi Roger Blin jouait une pièce. Le directeur ayant osé, sans doute pour gagner le temps d'alimenter son compte, le payer d'un chèque barré, pratique peu commune à l'époque, en attendant de le toucher Roger joua le visage barré d'un trait noir. Loris apparut un jour en compagnie d'une demoiselle ravissante au visage émerveillé d'innocence, qui débarquait de sa province et se serrait contre lui comme s'il eût été le Père Noël. Lui, le blasé, tomba au champ d'amour. Elle le fit souffrir, paraît-il, en experte, avant de l'abandonner rapidement pour un metteur en scène. Poursuivant sa trajectoire de gagnante, en quelques années elle atteignit le sommet de la réussite. Une jeune génération montait à l'assaut de la pyramide. De nouvelles émouvantes dont le nez mutin décelait le parfum qui précède la mode, chercheuses d'or ou de rêve, nanties pour tout viatique d'un corps orné de fruits défendus, firent des ravages au Flore. Ainsi cette Rastignac qui usa notamment de mon père adoptif, Duhamel, et de bien d'autres messieurs pour se propulser vers la gloire du Tout-Paris. Une tête de chat, des yeux remarquables par leur beauté — améthystes qui irradiaient sur les écrans —, un bagout de commis voyageur et une intelligence constructive hors du commun. Son arrivisme se lisait dans ses manières comme sur une carte de visite. Elle rêvait d'être actrice. Elle le devint. Guère douée mais possédant un sens inné dans l'art d'assimiler les ficelles du métier, elle ramena les rôles à elle. Metteur en scène de sa propre personnalité, elle projeta son naturel. De création en création, elle devint une étoile puis un monstre sacré. Personne dans le groupe ne s'y attendait, sauf le clairvoyant Roger Blin qui, alors qu'elle était encore inconnue, lui avait dit un jour : « Tu es tellement rusée que tu feras prendre ton manque de talent pour de la sobriété. » Un autre comédien, lui aussi peu dupe, impressionnant tant par la taille que par son mauvais caractère, lui lança grossièrement devant témoins : « Madame, vous m'incommodez comme une mauvaise odeur ! »

Opinions que nos sévères censeurs révisèrent par la suite, sa réussite aidant.

** **

Je rencontrais souvent Sartre mais n'osais lui parler d'autre chose que de banalités. J'avais des nouvelles de ses activités indirectement, soit par les « Cosaques » ou Sorokine, soit par le Castor. Ainsi, j'appris qu'il avait écrit une pièce, jouée au stalag pour fêter la Noël, et qu'il en envisageait une autre sur un thème qui m'avait frappé : la Crucifixion. Sur le Golgotha, Jésus relégué au loin, parlait à Dieu et, à l'avant-plan, les deux autres condamnés, les mauvais larrons, discutaient de leur sort. Peut-être ai-je encore rêvé ? inventé ?

– *La fleur de l'âge* –

Je n'ai jamais lu cette histoire dans l'œuvre de Sartre.

*
* *

Mon petit frère André s'engagea en tant que travailleur libre au titre de la relève : un ouvrier contre un prisonnier rapatrié au foyer. Il partit pour l'Allemagne. Son audace me suffoqua. Moi, j'éprouvais une peur panique des Teutons. Mon père, lui, était à Rennes. De là-bas, je recevais parfois de ses nouvelles dans des lettres cérémonieuses pleines de formules toutes faites sans doute rédigées par un écrivain public. Il continuait à me manifester sa bonté avec sa discrétion coutumière. Un jour il m'annonça qu'un de ses copains qui montait à Paris me remettrait un kilo de beurre. Il me fixait donc l'heure d'arrivée du train en gare Montparnasse, et précisait comment le messager serait habillé. Afin de ne pas nous rater, nous lèverions ostensiblement un journal qui nous servirait de signe de reconnaissance. J'attendis, le jour dit, au bout du quai dans le hall. Le train entra en gare. Des multitudes de voyageurs débarquèrent et se ruèrent vers la sortie. A ce moment, de part et d'autre, cent bras armés de journaux se dressèrent. Je n'ai jamais récupéré mon beurre.

*
* *

Je marchais boulevard des Batignolles lorsque j'entendis brusquement une voix puissante appeler : « Moulou ! » Je me retournai et cherchai parmi les silhouettes alentour à qui je pouvais être si cher, étant donné l'expression à la fois impérative et angoissée de cette apostrophe où se devinait un sentiment chaleureux et peut-être plus encore : de l'amour. J'aperçus, détaché d'un petit groupe de gens, à une vingtaine de mètres, un grand garçon vêtu d'un duffle-coat clair et je reconnus le célèbre acteur Jean Marais, superbe statue blonde, que j'avais croisé près du pont du Louvre au début de l'Occupation en compagnie de Jean Cocteau. Ahuri et flatté, je fis un signe de joie et esquissai un pas vers ce bel indifférent si gentil. Pulsion que je figeai immédiatement car, bondissante, une boule de fourrure parcourut le terre-plein du boulevard, s'éleva avec un style qui exprimait tout l'amour du monde, se jeta contre la poitrine, dans les bras accueillants de son maître Jean Marais. C'était son chien. Le célèbre Moulouk. Je repartis vivement au long du boulevard, exclu et rasant le bitume tel un corniaud.

***

Je ne sais pourquoi Picasso était toujours très aimable envers moi lorsque le hasard œuvrait à ce que je le rencontre. Un jour, au Catalan, restaurant de la rue des Grands-Augustins fréquenté par les artistes et les policiers en civil de la Tour Pointue située à quelques encablures sur l'autre rive de la Seine, il me reluqua et déclara que j'avais un profil grec, ce qui, pour un mâtiné de Kabyle et Bretonne était tout de même surprenant. Une autre fois, ayant croisé Jean Cocteau dans la rue, ce dernier m'invita à l'accompagner chez le maître avec qui il avait rendez-vous. Picasso logeait dans ce grenier devenu atelier où Jean-Louis Barrault m'avait pris sous son aile lorsque j'étais enfant et hébergé plusieurs mois en compagnie de l'horrible Miltinis. Quelle émotion en gravissant à nouveau le large escalier de pierre poli par le temps. Là-haut je retrouvai le carrelage rouge, la salle tout en longueur que les yeux de l'enfance agrandissaient : ni meubles, ni rideaux aux fenêtres, uniquement un attirail de peintre. Picasso, un peu en retrait, tel un maître de cérémonie, nous présenta les fruits de son violon d'Ingres. Son regard si particulier, dense et fixe, recelait une lueur ironique, presque dure. Cocteau glissa lentement devant les dizaines de toiles posées au long des murs. Il s'arrêtait plus ou moins longtemps devant chaque tableau et le considérait d'un air profond. Je le suivais à distance respectueuse, me faisant le plus petit, le plus discret possible afin de ne pas déranger la rencontre de ces grands esprits. Tandis que Cocteau contemplait ses œuvres, les yeux de Picasso le guettaient à la manière d'un toro surveillant le torero. Son tour de l'exposition terminé, Jean Cocteau, resta silencieux. Picasso, subitement tout en angles, lui dit : « Alors ? » sur un ton qui exigeait une réponse. Je crois que Cocteau, songeur et grave, répondit : « C'est très beau », ou quelque chose comme ça. A quoi Picasso rétorqua, goguenard : « Ouais... tu n'y comprends rien, quoi ! » Je fus suffoqué par son ton et surtout par le mutisme respectueux qu'adopta Cocteau en guise de défense.

*
* *

Réquisitionné à Rennes par la Compagnie des Chemins de fer, le père avait échoué à nouveau, je crois, aux Abattoirs municipaux. Une seule fois au cours de la guerre, je lui rendis visite. Il logeait chez l'habitant, de bonnes gens, disait-il, qui m'invitèrent à prendre des vacances chez eux, quelques jours, afin de changer d'air.

Alors, saisi d'une soif d'aventures, j'abandonnai le Café de Flore et m'élançai de la gare Montparnasse vers les campagnes paradisiaques, à en croire les promesses du père... Le train était plus que bondé, une chenille bourrée de viande. Corps agglutinés, certains assis, d'autres couchés en chien de fusil, au-dessus desquels dans un incessant va-et-vient les voyageurs passaient, repassaient, à la recherche d'on ne sait quoi, enjambant ce tapis de chair en tâtonnant du pied afin de trouver à caler leurs chaussures sans abîmer quiconque. Au bout d'une heure, pour moi, ce fut le train du bonheur. J'avais emporté *Don Quichotte* et, ne connaissant de Cervantès que la pièce *le Tableau des Merveilles*, je découvrais, hypnotisé, les aventures de ce vieux monsieur farfelu. Noyé dans cette bouillie humaine, je m'esclaffais si fort à certains passages que j'avais l'impression d'insulter mes maussades compagnons. Je retrouvais durant ces quelques heures le bonheur de lire de mon enfance, grâce à ces mots noirs couleur d'opium.

Parti au milieu de l'après-midi, j'abandonnai la lecture au soir tombant, par défaut de lumière. Dans une obscurité piquée de l'haleine bleuâtre des éclairages de protection contre-avions, nous arrivâmes en gare de Rennes, fourmillant de voyageurs nerveux. Sous cet apparent désordre, mille yeux surveillaient les fraudeurs.

Policiers en civil, contrôleurs économiques chassaient les porteurs de valises et de sacs, gendarmes repérant les suspects. Les voyageurs glissaient avec des airs innocents entre les mailles de ce filet. Soldats allemands, feld-gendarmerie, passagers s'entremêlaient dans la pénombre et le tohu-bohu des machines à vapeur. Tout ce beau monde était au bord de la panique à cause du couvre-feu, imminent. Le train était arrivé en retard. Par miracle je tombai sur le père. Autant que j'en pus juger, sa mine était bonne. Sans m'attarder je le suivis. Nous détalions par les ruelles, et je commençai bientôt à regretter les douces heures du Café de Flore. Alors que dans Paris je continuais à vivre en n'étant que peu concerné par la guerre, ici je n'avais pas de marques pour me retrouver. La ville, grande bouche d'ombre, n'avait aucun rapport avec celle que j'avais imaginée. Rennes, dans mon esprit, était un village important, certes, mais dominé par la vie campagnarde. Toutes ces trouées moyenâgeuses dans lesquelles nous galopions me faisaient mal augurer de ce séjour. Aucun rapport avec la Bretagne, pays de cocagne vanté par les Parisiens qui venaient s'y approvisionner. Puis le quartier devint franchement miséreux. Heureusement, le père possédait une lampe électrique peinte en bleu. Aux douze coups de minuit nous entrâmes dans une anfractuosité de muraille.

Le bon air promis par mon père y régnait chichement. Une odeur de moisissure et de crasse pénétrait mes narines pourtant peu sensibles. Enfin nous atteignîmes mon lieu de vacances. Imaginez une pièce assez grande, une cheminée digne d'un château, des bancs de chaque côté d'une grande table et un vaste lit. Les murs étaient marron, d'une saleté impeccable, au plafond pendaient des plaques de peinture décollées semblables à du linge sale qui donnaient à l'ensemble une allure de caverne dégouttant de stalactites. La patronne, matrone obèse à l'aspect d'un jambon, me serra contre ses différents ventres. Le père m'observait, un peu inquiet. Sans doute avait-il dû dire que j'étais un artiste, peut-être cette monstresse m'avait-elle vu au cinématographe. Impériale, elle tonitruait d'une voix graillonneuse et sa vitalité était telle qu'elle rapetissait tout. On me montra, camouflé par une couverture, un vague réduit censé être ma chambre. Malgré l'heure tardive, on s'attabla pour un festin, un vrai repas de noce. De nombreux invités nous avaient rejoints. Le brouhaha m'assourdissait au point que je ne cessais de sourire et d'approuver tout ce qu'on disait. Nourri comme une vache laitière, j'avais l'impression d'être plongé plusieurs siècles en arrière. Jamais je n'avais vu pareille ripaille. Vins, alcools, un cauchemar. Vers la fin, l'atmosphère tourna au bordel. Excités par les histoires cochonnes, les convives firent circuler des cartes postales et des photographies obscènes, et même des polichinelles articulés et coloriés, en rut, qui gigotaient lorsque l'on tirait une ficelle. Moi qui clamais partout depuis mon enfance que seule la classe ouvrière avait encore de la moralité, je me sentais très mal à l'aise. Malgré son léger état d'ivresse, le père ne cacha pas son désarroi lorsqu'il vit les photos. C'était ma présence qui le culpabilisait. Il y jeta un coup d'œil et arbora la tête grave du Kabyle confronté à la culture occidentale.

La bacchanale dura jusqu'au petit jour. Ils invitèrent des voisins. Il y eut même une farandole organisée par ces locataires dans les sombres labyrinthes de la bâtisse. Puis ils entonnèrent des chansons de salle de garde et la monstresse maîtresse de maison se livra à une exhibition chorégraphique qui dévoila des coulisses graisseuses. Vers la fin du couvre-feu, ivres morts mais toujours d'attaque, ils terminèrent sur une note patriotique, entonnèrent *la Marseillaise* et autres chants révolutionnaires. On risquait les galères ou le camp de concentration. Le coup de grâce fut donné par l'émouvant : « Ils n'auront pas l'Alsace et la Lorraine. » Je n'eus pas le mauvais goût de leur dire qu'il était un peu tard pour y penser.

M'arrachant à cette meneuse d'hommes et révisant les clichés d'une Bretagne bucolique, je prétextai un travail urgent et repris le premier train. En arrivant à Paris, je m'aperçus qu'au cours de ces brèves vacances le père et moi n'avions pas échangé un mot.

*
* *

Plus cette guerre sans combat durait, plus l'angoisse flottait sur la ville. Jusque-là la vie était plutôt calme. On attendait. Puis les rafles devinrent fréquentes. Surgissaient de cachettes des policiers en civil aux masques rigides demandant à voir nos papiers d'identité. Des gens disparaissaient du jour au lendemain, soit qu'on n'en parlât plus, soit qu'on apprît par hasard leur arrestation. Sortie des égouts une nouvelle race tenait le haut du pavé. Toutes espèces de cloportes. On ne savait qui ils étaient : affairistes... policiers... gestapistes... intermédiaires..., ils pullulaient dans ce chaudron de sorcière de l'Occupation ou mijotaient affaires de marché noir et dénonciations. Gigantesque toile de compromissions liant acheteurs et vendeurs, bourreaux et victimes. Je n'étais pas doué pour lutter ; déjà bien heureux lorsque mon étoile me permettait de me sustenter dans un des restaurants où l'on trouvait à foison cette nourriture qui manquait à la plupart. On a beaucoup décrié cette pratique, mais de toute façon ces denrées déviées du réseau officiel et revendues à prix d'or auraient pris le chemin de l'Allemagne. Les rations des Français n'eussent pas augmenté pour autant. Que de louches altruistes prélèvent au passage des ristournes énormes était de bonne guerre. Chacun s'organisait. Certaines vocations prenaient leur essor. Même dans le studieux et pur Café de Flore le commerce clandestin commençait à poindre. On entendait d'étranges conversations entre intellectuels : « J'ai un important chargement de laitues à vendre, ça vous intéresse ? » « Figurez-vous qu'un ami dispose de plusieurs centaines de kilos de chocolat à céder. » Roger Blin qui ricanait de ce mercantilisme lançait parfois mystérieusement des propositions malhonnêtes : « Madame, seriez-vous preneuse d'un wagon de noix ? Je peux vous en montrer un échantillon, j'en ai une paire. » Tout s'achetait, tout se vendait. Des gens précautionneux disposaient de trésors bien à l'abri dans des caches. Dans notre entourage quelques vagues sympathisants du groupe Octobre à l'agonie, qui, par chance parlaient allemand, sortirent de leur anonymat. Leur vocation d'intermédiaire s'affirma. En quelques mois, ils prospérèrent. Les autorités d'occupation ayant admis qu'elles ne pouvaient stopper le trafic, afin d'en bénéficier incitèrent les nouveaux venus à monter des bureaux dits « d'achat ». Ils achetaient à prix d'or les produits non déclarés et les revendaient aux occupants dans des planques. Les compromissions ne s'arrêtèrent pas là. Ainsi chaque mois on parvenait à se procurer des cartes de pain, vraies ou fausses. Le racket s'attaquait depuis le début de l'Occupation aux biens des juifs, que ces derniers fussent ou non en liberté. On savait qu'il y avait collusion entre le Milieu français et la police allemande. Bref ! comme disent les pègres : tout le monde en croquait. Même Boubal, le moraliste, s'y pliait. Au lieu de l'infâme saccharine, on pouvait, en prenant son café, acheter sous le manteau un morceau de sucre. Quand arriva le printemps, mon ventre, d'une simple contraction, se plaquait contre ma colonne vertébrale !

***

En attendant le vainqueur, certains pariaient sur Hitler, voyant en lui un poète possédant le sens du cosmique. Le bruit courut durant l'hiver qu'il était sur le point d'ordonner à ses troupes de rentrer au bercail. N'avait-il pas affirmé que le IIIe Reich régnerait sur les mille ans à venir ? Les stratèges du Flore saluèrent l'habileté de cette manœuvre qui eût interdit aux Anglais et à leurs alliés éventuels de libérer la France puisqu'il n'y avait plus d'occupation allemande. Le chancelier n'avait-il pas fait le premier pas en ramenant les cendres de l'Aiglon au Panthéon au cours du dur hiver ? Geste grandiose dont les Français ricanèrent, ne cachant pas qu'ils eussent préféré, étant donné le froid, recevoir du charbon. D'autres avançaient le nom de ce général condamné à mort qui, de Londres, parlait aux Français : de Gaulle. Ce qui me surprenait, c'était la quantité énorme d'anecdotes en circulation. Qui les inventait ? Elles étaient toujours à base de moqueries contre l'occupant, reflets d'événements vus par l'œil du peuple. Je me souviens de l'une d'elles, poétique et tragique : avenue des Champs-Élysées, un quidam allemand demandait à un passant : « Monsieur, pourriez-vous m'indiquer l'Arc de Triomphe ? » Et l'autre, qui se trouvait être un juif, lui répondait : « Suivez mon étoile. »

** * *

Jusque-là les Teutons restaient corrects. Une fois leur casque enlevé, on oubliait l'armée invincible qu'ils formaient. Pris séparément, ils devenaient des hommes ordinaires. De temps en temps j'en examinais un lorsque les circonstances s'y prêtaient. Un jour, j'aperçus un soldat dans le métro. Comme moi, les voyageurs le lorgnaient par en dessous. Un morceau de viande gigantesque. Qui était-il, que faisait-il dans le civil ? Paysan, bûcheron, ouvrier ? Énorme, immense bonhomme avec une gueule de gros toutou, il paraissait peu à l'aise ainsi zieuté par ces petits Français qu'impressionnait sa taille. Afin de garder l'équilibre, une de ses mains étreignait la colonne d'appui. Son poignet ressemblait à un tronc d'arbre. J'étais hypnotisé par sa circonférence. Un phénomène. Et quelle belle cible ! Il avait peu de chance de sortir sans dommage de cette guerre. Trop de surface pour un seul homme. Quelque part une balle lui était déjà réservée. Avec sa bonne tête sanguine de bœuf roux qui émergeait de son uniforme verdâtre légèrement trop étroit de partout, on aurait dit un étranger égaré, perdu parmi des gens qui au fond d'eux-mêmes se demandaient pourquoi il était en France. Derrière son air absent de pauvre type arraché de chez lui, on subodorait qu'il attendait comme une bête à la foire qu'on l'emmène à l'abattoir.

* * *
* *

On en voyait des transformations! Les chats dans les rues disparurent en quelques mois. Les chiens suivirent. Parfois des rumeurs dénonçaient certaines étrangetés. Ainsi ce délicieux pâté à base de rat qu'on achetait à prix d'or à une concierge place de la Trinité. Devant le Sénat, au Luxembourg, les jardins à la française étaient transformés en potager. Dans les appartements des gens nourrissaient de la volaille. Un brocanteur habitant la petite pièce contiguë à celle du père possédait même une chèvre à qui il avait construit un monticule afin que la pauvrette pût s'amuser un brin. D'autres élevaient des lapins. Par la force des choses, on revenait à la terre, même en ville, suivant ainsi le conseil du maréchal Pétain. Imitant les coutumes de l'Extrême-Orient, des cyclistes tiraient des pousse-pousse qui faisaient office de taxis. Dans les vitrines des salons de coiffure chics, afin de pallier les coupures d'électricité, des professionnels de la petite reine pédalaient sur home-trainer à la vue du public qui les encourageait. Ingénieux système qui produisait du courant en cas de panne et permettait de sécher les chevelures des belles. Les autobus roulaient à l'aide de gazogènes ou de chaudières à bois. Les voitures à chevaux réapparaissaient. N'eût été la guerre, on se serait cru heureux.

— La fleur de l'âge —

* * * * *

Dans le ouaté de la salle carrée du Flore, agitation et éclats de voix étaient considérés comme de mauvais goût. Seul moment un peu fiévreux : l'apéritif de guerre suivi du dîner. Je me devais de sortir et d'aller traîner un laps de temps, ventre vide, avant de retrouver mes amis de retour du restaurant. Ensuite l'attente, regard braqué sur la pendule accrochée au mur à droite de l'entrée, impassible visage de juge, dont les aiguilles cheminaient vers le fatidique minuit. Enfin l'instant dangereux du couvre-feu où prenaient possession des rues les patrouilles de tueurs à voix d'ange.

Jusque-là le conflit se déroulait de façon relativement courtoise. Les Allemands incendiaient et écrasaient Londres et les Britanniques, feignant de ne pas savoir qu'ils avaient perdu la guerre, bombardaient l'Allemagne à tout va, ainsi que les points stratégiques dans les pays occupés. Pas de cessation des hostilités en perspective. Aux offres de paix d'Hitler, Churchill n'avait-il pas osé répondre que les Anglais combattraient partout et jusqu'au bout sur les plages, dans les villes, les maisons, même dans les lieux d'aisances. Voyant que cet état s'éternisait, la vie reprenait cahin-caha son rythme d'avant-guerre. « Le Français est léger », dit-on. Les faits le prouvèrent. Certains

91

directeurs de théâtre, et non des moindres, n'hésitèrent pas à rouvrir leur salle, des auteurs à écrire des pièces, des metteurs en scène à tourner des films, des comédiens à jouer la comédie.

Une jeunesse insouciante et pervertie allait même jusqu'à danser au fond des caves. En dépit de la propagande, l'ensemble du peuple français n'en parut pas choqué. Les couturiers lançaient des modes nouvelles. Des ouvriers travaillaient dans des usines de guerre dont les produits partaient en Allemagne ; et même, on ose à peine l'écrire, bon nombre d'individus, au lieu de se repentir, continuaient à faire l'amour sans se soucier des malheurs qui s'abattaient sur la France. Des collaborateurs dénonçaient vainement par la voix des ondes et de la presse ce répugnant état d'esprit adopté par une grande partie de la population.

Un jour, M. Rossi – directeur de production avec qui j'avais déjà travaillé en Italie – me proposa un petit rôle dans un film tiré du roman *les Inconnus dans la maison*, de Georges Simenon. Aubaine pour moi. Je virais au clochard. Évidemment, il s'agissait d'un rôle d'assassin. Le film fut réalisé par un froid glacial. Le grand comédien Jules Raimu jouait un avocat alcoolique. Par ses dehors rébarbatifs, il terrorisait l'ensemble du petit personnel et l'équipe technique. Il n'adressait la parole à quiconque et semblait étranger à tout ce qui l'entourait. On s'écartait de lui en le croisant dans les grands studios polaires. Ombre lointaine, Raimu traversa ce film en roi grognon. Bien qu'ayant une morphologie d'éléphant de mer, il était, selon l'expression de Prévert, référence en matière de coquetterie, « un des hommes les mieux habillés de Paris ».

Dès le premier jour de tournage, j'assistai à une grande colère de Raimu, au cours de la plaidoirie, dernière scène du film, à l'issue de laquelle il découvrait le coupable. Alors que M⁰ Loursat, alias Raimu, discourait de sa voix de bronze, il remarqua parmi les figurants tenant les rôles des jurés un vieillard endormi sur l'oreiller de sa barbe. Furieux il exigea son renvoi immédiat. Sa conduite me parut sur le moment odieuse, à la réflexion justifiable. Après mon interrogatoire, brusquement il me démasquait. Fait comme un rat, je m'écroulais contre le sol en sanglots. Moi qui ai toujours eu horreur de pleurer, tout en jouant, je me critiquais et jugeais mon travail encore plus consternant qu'à l'habitude. Soudain dans le silence qui précède le rituel « Coupez ! » du metteur en scène, on entendit s'élever la voix de cathédrale de Raimu : « Mais il est très bien, ce petit ! » Il proféra cette phrase avec un accent provençal dont le parfum flotta un moment sans que personne osât rompre le charme. Ce fut la seule fois que Raimu m'adressa la parole. Longtemps après la mort de ce monstre, j'eus l'occasion de rencontrer Mme Esther Raimu, son épouse ; elle me révéla qu'il parlait parfois de ma modeste personne. Un jour de 1942 à Toulon, peu avant le sabordement de la flotte française, je tournais un film, plus tard interdit, lorsque j'aperçus Raimu qui prenait l'apéritif à la terrasse d'un café donnant sur la rade, si émouvante. Je l'avais salué en passant, n'osant le déranger. Me regardant m'éloigner, il avait confié à sa compagne : « Tu vois ce petit, s'il ne fait pas le con, il ira loin. » Heureusement il n'en fut rien. Devenir une étoile ne faisait pas partie de mes rêves. Je regrette de l'avoir déçu. Jamais je n'eus connaissance de l'opinion qu'il avait de moi. Peut-être aurais-je infléchi vers l'arrivisme mon inclination au moribondisme. Qu'importe ! Sa gentillesse à mon égard m'est allée droit au cœur.

Pour en terminer avec ce film tiré du roman de Simenon, je me suis rendu compte, beaucoup plus tard, que j'avais été manipulé ; mon inconséquence m'a laissé un arrière-goût de mauvaise conscience. J'ignorais que cette maison de production dirigée par des Français avec qui j'avais tourné avant-guerre était en réalité allemande. J'en fus rétrospectivement marri, mais étant donné que la Metro Goldwyn Mayer et autres producteurs n'étaient plus à Paris, qu'il m'arrivait d'avoir faim, je fis comme des millions de Français, je me débrouillai. A mon insu ce petit rôle d'assassin, servi par mon faciès, avait pris un relief dont je ne mesurai la portée que bien après. La rumeur m'en revint aux oreilles par l'appréciation, qui fit jurisprudence, de Mme Simone de Beauvoir dans *Mémoires d'une jeune fille rangée*. Elle avait trouvé à ce film un parfum antisémite. Jugement qui fut repris mot à mot par les compilateurs.

*
* *

Enfin, la campagne de Russie démarra, un peu tard il est vrai, par suite d'un problème de dernière heure survenu dans les Balkans, en Yougoslavie. Décidément, Hitler avait le sens du coup de théâtre. Un matin du mois de juin, les armées allemandes s'élancèrent vers Moscou. Une toile d'araignée de regards couleur d'espoir se tissait entre tous les Parisiens qui se rencontraient dans les boutiques, les rues, les bistrots. On sentait que le conflit prenait un tournant décisif. Au Café de Flore, l'œil de l'intellectuel était plus brillant. Même Boubal paraissait réjoui. Dès les premières semaines, selon leur habitude, les troupes du

Reich démontrèrent leur invincibilité en encerclant par millions les soldats russes. Mais l'ombre de Napoléon flottait toujours sur le tableau. Les gens épiloguaient. Adolf Hitler allait-il réussir là où l'Aigle avait échoué ? Au Flore, certains émettaient des doutes. Pourtant chaque jour apportait sa moisson de triomphe à ces guerriers dans ces Jeux olympiques de la mort. A suivre les communiqués et les reportages cinématographiques, la campagne prenait des allures de compétition sportive. Un fumet enivrant se dégageait de cet hallali. L'Union soviétique apparaissait soudain comme un colosse mou. Cela dura jusqu'à ce que tombent les premiers cheveux blancs de l'hiver. A quelques kilomètres de Moscou, l'armée allemande, empêtrée dans les charmes conjugués de la neige et de la boue, resta sur place, paralysée. L'honneur de Napoléon était sauf. L'histoire démontrait que le Corse n'avait de leçons à recevoir de personne.

Du Café de Flore, j'avais suivi tout l'été les péripéties de ce gigantesque combat, haletant et tranquille dans ce havre de neutralité, sorte de Suisse parisienne qui peu à peu sous la houlette de Boubal s'étendait en terrasse bien au-delà des limites permises par les règlements. De loin on eût dit sous le soleil de guerre une plage grouillante de vacanciers au bord d'une mer illusoire. Dès le début de la campagne on comprit que ce frénétique bordel tournait au jeu de qui perd gagne. Je n'en ai clairement pris conscience qu'après la guerre en lisant les centaines de bouquins qui lui furent consacrés. A l'automne, les jeux étaient faits. Après l'échec devant Moscou, l'entrée des États-Unis dans la guerre, pas besoin d'être Clausewitz pour deviner que le Führer avait dorénavant son avenir derrière lui.

Sensibles au changement de vent, des intellectuels jusque-là proches des thèses de la Révolution nationale prenaient leurs distances. Dans le café circulaient parfois de table en table des petits papiers provocateurs – jeu qu'affectionnaient paraît-il les surréalistes – sur lesquels étaient notifiés des jugements lapidaires. Un jour, l'un des habitués et non des moindres en reçut un ainsi libellé : « Monsieur R... est un opportuniste. » Cet écrivain connu, beau garçon blond passé de la francisque à la croix de Lorraine, fut très mécontent d'être catalogué de la sorte. Comme il relevait la tête son regard tomba sur Jacques Prévert qui de l'autre côté de la salle ricanait avec innocence. R... bondit, se planta devant lui et exigea une explication. L'entrevue dura quelques secondes. Puis R... battit en retraite car Prévert avait gardé de sa jeunesse voyou l'art de frapper de la tête, spécialité dite « coup de boule », si redoutable pour le visage de l'adversaire, suivi généralement du non moins célèbre coup de genou dans les parties nobles.

***

Il y avait de plus en plus de rafles. Sortant des placards du diable, des policiers en civil, masque rigide, demandaient à examiner les papiers d'identité. Des gens s'évanouissaient du jour au lendemain, volatilisés. Les mauvaises nouvelles volaient de bouche en bouche. Antihéros s'il en fut, au premier hurlement des sirènes j'étais hors du lit, en quelques secondes complètement habillé, et filais vers la Seine distante de quelques centaines de mètres. J'avais horreur des caves et préférais m'abriter sous les murailles du pont Neuf. Ah ! Que le ballet lumineux des balles traçantes griffant le ciel à la recherche d'avions était féerique ! On entendait le vrombissement des énormes chauves-souris invisibles qui, en bandes, passaient au-dessus des toits de Paris sous l'œil des étoiles. Mille obus s'entrechoquaient et, l'échauffourée passée, un cliquetis d'éclats retombait sur le bitume et les immeubles, en pluie d'acier.

***

Ne pouvant plus assumer les frais de ma chambre à l'hôtel des Beaux-Arts, je devins veilleur de nuit au nouveau cours d'art dramatique

Daunou situé au-dessus du théâtre du même nom. J'y retrouvai mon camarade Sassiat, que je n'avais pas revu depuis l'Atelier. Réduits presque à l'état d'épaves, nous partagions divers et intéressants bricolages : vérification de l'assistance aux cours des élèves et remise en ordre des chaises après le passage des étudiants. Sassiat généralement retournait dormir dans son repaire du boulevard de Strasbourg. Les professeurs étaient Bertheau, Rouleau, Barrault. Je suivais leur enseignement en amateur. Mais il me fallut justifier ma présence en jouant une scène. A mon âge le rôle de Poil de Carotte était hors de question. Cédant à mon admiration pour Jean-Louis, qui venait de débuter à la Comédie-Française dans une tragédie de Corneille, et aussi à ma manie mimétique, j'appris le combat du *Cid*, longue tirade que j'interprétai devant l'assemblée de fauves que sont les comédiens débutants. A ma grande surprise, on ne me trouva pas ridicule. Olga Kosakévitch, qui avait abandonné Charles Dullin pour ce cours plus moderne, m'adressa quelques compliments étonnés. Rassuré, j'arrêtai mes études.

Ainsi la vie se déroulait entre le farniente au Flore, les stations à la piscine Deligny – morceau de Méditerranée au bord de la Seine où, à la façon des phoques, la jeunesse voleuse de rayons s'offrait au soleil –, les courses dans ce Paris redevenu un grand village que je sillonnais à la recherche de sous et de repas. Au fond je n'étais rassuré que le jour. La nuit, les rues se transformaient en pièges et en labyrinthe où à chaque pas, de chaque coin pouvaient surgir des assassins tapis. En un instant, on risquait de basculer dans l'horreur. Sensation que j'ai comprise un jour, plus tard : une mouche prenait un bain de soleil, accrochée derrière une vitre, heureuse de vivre, innocente. Sous elle, une toile formait un lac de soie dans l'encoignure du mur et de la fenêtre. Comme dans mon enfance, le diable me poussa. Je cognai vicieusement du doigt au carreau. La malheureuse sursauta, perdit l'équilibre, tomba dans la toile : une araignée énorme surgit, la saisit, l'emporta. C'était moi que je voyais entre les pattes du monstre et j'éprouvais la même peur que sous le regard terrible de la mère.

Et puis j'étais redevenu somnambule. Navigateur aveugle d'un autre univers. Je me réveillais la nuit, parfois, hébété, quelque part dans ma chambre, ordinairement devant la fenêtre. Je voulais fuir, sortir du tunnel. Heureusement, marqué par mon coup de tête dans la porte vitrée de l'auberge de jeunesse à Marseille, je barricadais les battants à l'aide de tables et de chaises afin de m'y empêtrer au cas où, dans mon cauchemar, j'eusse tenté de sauver ma peau en me jetant dans le vide. Car le déroulement était toujours identique.

Un bombardement, un ensevelissement sous les décombres puis, l'issue, là-bas, grosse comme une pièce de monnaie lumineuse vers laquelle je rampais. La liberté, la délivrance.

Un soir ayant oublié l'heure du couvre-feu, j'avançais sur le boulevard Saint-Germain devenu dangereusement désert et silencieux. J'étais transformé en gibier. Revenir en arrière, trop tard. Je n'osais remonter chez mes amis. Rasant les murs, je me dirigeai vers la place, quand, soudain, un martèlement de bottes annonça l'apparition d'une patrouille, sans doute débouchant de la rue Saint-Benoît. L'air innocent, je poursuivis mon chemin. Un peu plus loin à droite s'ouvrait une rue perpendiculaire. Derrière moi, peut-être à une cinquantaine de mètres, une voix d'ogre allemand, épouvantable, aboya un ordre. Je continuai à glisser sans presser le pas avec la légèreté d'un sourd. Plus que quelques mètres. Sauvé. A peine tourné le coin je m'enfuis. Un bruit de cavalcade menaçant me fit comprendre qu'on avait saisi ma manœuvre et qu'on me poursuivait. La peur au ventre je volais sur la pointe des pieds dans le dédale des vieilles ruelles qu'heureusement je connaissais par cœur. Je réussis à rejoindre mon hôtel, et restai yeux grands ouverts dans le noir de ma chambre à écouter les bruits de la nuit, tremblant d'effroi et du bonheur d'être encore libre. Étant donné ma situation de réfractaire, j'avais failli, en un instant, tomber du cocon chaleureux d'une soirée amicale dans l'horreur d'une arrestation et l'engrenage de la police allemande. Quand je repasse rue Jacob devant ce petit hôtel, aujourd'hui maison d'édition, durant quelques secondes m'enveloppe le souvenir de la peur abjecte que j'ai ressentie cette nuit-là. Ainsi allait la vie durant l'Occupation. Combien de gentils garçons et filles piégés pour un pas de danse en sortant imprudemment des caves où se déroulaient les bals prétendument clandestins disparaissaient dans les ténèbres des camps de concentration !

*
* *

Souvent je pense à vous, mes petites mortes. Sonia, que le Castor suivait d'un œil admiratif et intéressé lorsqu'elle entrait au Flore, chevelure blonde, frémissante et drapée dans sa beauté. Un peu évanescente, un peu farfelue, un peu snob, vous avez disparu du jour au lendemain et on ne vous a plus jamais revue. On ne le sut que plus tard, à la Libération. On dit que vous fûtes mise au bordel — vous étiez si belle — et servîtes de putain aux officiers allemands avant de mourir. Souvent je pense à vous, Sylvain Itkine, homme gentil et doux, qui, quelques années auparavant à la Grange-aux-Belles, au sortir de la scène où enfant, je me croyais si malheureux après un insuccès, aviez infléchi le cours de ma vie en la dirigeant vers Jean-Louis Barrault. Je vous imagine, torturé après l'interrogatoire au Fort Montluc, un œil presque sorti de l'orbite d'après le témoignage d'un compagnon d'infortune qui vous croisa dans un couloir. Je pense à vous Desnos et à cet inconnu, Robert Lynen, émouvant adolescent au visage d'ange sur lequel une écriture secrète dessinait la marque de son destin fatal : fusillé à Marseille à la fleur de l'âge. Et Bella arrêtée au sortir du Flore et toutes ces mignonnes petites juives tombées dans les chausse-trappes des rafles. Qu'est devenue cette apparition dont la beauté me transperça le cœur, un jour d'été, où je venais de pénétrer dans l'appartement d'un ami rue Pigalle ? Jeune fille en short, accoudée au garde-fou, ombre qui se détachait sur l'embrasure du rectangle lumineux de la fenêtre ouverte flamboyante comme un tournesol. Elle regardait dehors. Elle se retourna. Un corps superbe comme celui d'un pur-sang arabe, et des jambes splendides. La beauté à l'état pur. Soudain, émergeant de la pénombre, jaillit côté cœur la fleur accrochée de l'étoile jaune. Je pense à vous, pauvre Bourlat. Votre sourire éclatant de joie de vivre, adolescent qui, sur Paris, écriviez : « Ô vous, mes belles rues contraintes à la mendicité. » Arrêté, emprisonné, vous fûtes l'enjeu d'une tractation entre vos parents et un entremetteur : votre liberté en échange d'or ; votre famille gardait l'espoir de vous sauver et versait force louis jusqu'au jour où cessa ce jeu atroce : on sut que vous aviez été liquidé d'une balle dans la nuque à Drancy. Et tant d'autres... Qu'il est loin ce joli monde enfermé dans le beau coquillage où j'écoutais la mer du fond de mon petit lit-cage. Parfois je me dis qu'il eût été préférable de n'avoir pas connu la vie, de n'avoir rien aimé, rien ressenti, rien regretté, jamais fait partie de cet univers horrible et d'ignorer l'angoisse d'attendre la mort.

*
* *

La vie mondaine parisienne continuait. Le Castor m'invita à la première représentation d'une œuvre théâtrale de Sartre, *les Mouches*, montée par Charles Dullin au Théâtre de la Cité, ex-Sarah-Bernhardt. La salle réunissait amis et ennemis de tout bord. Bien que la pièce eût été acceptée par la censure allemande, filière obligatoire, la rumeur prévoyait un scandale. La salle était bondée et frémissante. On devinait qu'il allait se passer quelque chose d'inhabituel. J'avais été placé à l'orchestre, côté cour, à quelques pas d'une loge occupée par des journalistes dont Alain Loubraux, critique célèbre qui avait opté pour l'Allemagne et faisait la pluie et le beau temps durant l'Occupation. A cette époque il suffisait de peu de chose pour que vibre une salle en partie pleine d'amis. Ainsi lorsque Jupiter lança la réplique : « Oreste sait qu'il est libre ! », cris et approbations stoppèrent la poursuite de la pièce. Cette phrase relativement anodine prenait un sens « résistantialiste ». Le public applaudit longuement. On aurait pu craindre le pire. Mais la pièce ne fut pas interdite pour autant et continua sa carrière. Ce n'était pas toujours le cas. A la rubrique « Jardinage » d'un journal, un article où l'on traitait de la destruction des doryphores dans les jardins souleva les foudres des censeurs. Il est vrai qu'on coiffait justement les soldats allemands du nom de doryphore à cause de la couleur verte de leur uniforme qui était aussi celle de l'insecte prédateur. Cette prise de position par l'humour déplut si fort aux autorités qu'elle entraîna, dit-on, l'arrestation du journaliste et l'interdiction du journal. Sans aller jusque-là, moi-même j'eus la malchance de jouer, à la radio, pour la seule émission où je fus convié durant toute la guerre, le rôle d'un amoureux qui, ayant rendez-vous avec sa bien-aimée au coin d'une rue et s'étant fait beau pour la circonstance, essuyait une averse : il voyait son complet neuf en ersatz rétrécir et se retrouvait en petite culotte et maillot de corps. Cette allusion au manque de tissu entraîna la non-diffusion de l'œuvre et le refus de paiement de mon cachet. Je me console en songeant que cela m'a évité à la Libération d'être condamné pour délit de collaboration radiophonique.

*
***

Moi qui espérais terminer ma guerre aussi facilement que je l'avais commencée, un jour, comme tout un chacun, je fus contraint de suivre le courant de cette page d'histoire que je vivais au quotidien et devins engagé involontaire.

Estimant que les Français manquaient d'exercice, Adolf Hitler m'invita à me rendre en Allemagne au titre du service du travail obligatoire. Flatté d'être prié de participer à cette croisade pour une Europe unie, je me rendis à la convocation diffusée par les journaux et autres voix médiatiques. Le conseil de révision se déroulait dans les locaux d'une école jouxtant la jolie église de Saint-Germain-l'Auxerrois, sur la place du même nom, juste en face du musée du Louvre. Assis à une table sur tréteaux, fonctionnaires de l'armée et policiers attendaient les conscrits. Interrogatoire, contrôle des papiers d'identité, remise d'un ordre de couleur jaune sur lequel était inscrit « Bon pour l'Allemagne ». On me donna l'adresse d'un centre médical pour y subir un examen avant d'être définitivement incorporé. Je me retrouvais en première ligne. D'autant plus épouvanté par cette perspective que les Anglais et leurs alliés, refusant d'admettre que les Teutons étaient les plus forts, bombardaient leurs villes à tout va. Ma seule issue, rejoindre le maquis, mais lequel ? Où ? Et par qui ? Je me renseignai auprès d'amis, entre autres le Castor, laquelle en parla à Sartre. Ce dernier m'assura de son appui et promit de rechercher une filière. A dire vrai, je n'étais guère emballé de quitter Paris. Sur mes talents de guerrier j'avais des doutes. Disons-le tout net, j'aurais volontiers pris le maquis au Café de Flore.

Peu de temps avant mon incorporation, mon petit frère André était rentré d'Allemagne, paisible comme s'il revenait du Bois de Vincennes. C'était vraiment un drôle de type. Il avait raconté son odyssée au père. Au bout de quelques mois de travail, comprenant qu'il avait fait une erreur en s'engageant, il avait abandonné son poste. Là-bas, cela équivalait à une désertion. Condamné à la prison, il termina son temps aux travaux forcés puis fut renvoyé en France. Je lui trouvai plutôt bonne mine. Mais Marcel Duhamel, à qui il rendit visite, s'inquiéta et l'emmena à l'hôpital Saint-Louis, cet endroit où lorsque j'étais petit on m'avait enlevé les amygdales. Le Dr Boiffard, un ami du groupe Octobre, radiographia André. Il était tuberculeux, les deux poumons attaqués. Boiffard le diagnostiqua comme perdu. Sur le moment, je ne saisis par la gravité de son état. J'étais impressionné par son calme, presque indifférent, pas effrayé de ce qui lui advenait. Boiffard me fit une radioscopie. Rien aux poumons. Duhamel décida que j'avais une tête à cancer. J'attends toujours.

* * *

Mon frère et moi échangeâmes nos identités. Lola l'émouvante lui boucla les cheveux. Il se présenta devant les autorités médicales muni de ma carte et de mon ordre de départ. Nous stationnions dehors, anxieux, car si la ruse était éventée nous aurions certainement été arrêtés. Son passage devant le conseil de révision fut bref. Il réapparut, sourire aux lèvres. Son état devait être vraiment grave vu la vitesse avec laquelle on le réforma. Il me rendit mes papiers d'identité et le précieux carton jaune plié en deux où étaient inscrits ces mots merveilleux : « Inapte pour l'Allemagne. » Je ne m'en suis plus séparé jusqu'à l'arrivée des Alliés. André partit sur-le-champ en sanatorium, à Cambo-les-Bains.

****

Il mourut quelques années plus tard, après une période d'embellie qui fit croire à une possible guérison. Je reçus un télégramme : « État aggravé, issue mortelle. » Je ne savais pas exactement ce que signifiait la dernière phrase. Était-ce la fin ? Était-il encore vivant ? N'ayant pas un sou, je fus obligé d'emprunter à l'ange Duhamel. L'aube n'était pas encore levée lorsque je montai chez lui prendre de l'argent rue de Varenne. Le père et moi partîmes à Cambo par la gare d'Austerlitz. Arrivés en fin d'après-midi, nous allâmes directement au sanatorium. Un monsieur – sans doute le directeur – nous reçut et après quelques chuchotements nous pria de le suivre dans le bâtiment. Tout était peint en blanc. On y respirait la santé. Je n'osai demander à notre guide si André était encore vivant. La chambre dans laquelle on entra était grande, claire, impeccablement propre. Une large porte-fenêtre donnait sur un paysage magnifique et un ciel superbe. Une forme gisait sur le lit, les mains entrelacées sur le ventre. Je ne reconnus pas mon petit frère et durant un instant, je crus à une erreur. En m'approchant je compris.

Sa bonne tête d'enfant était devenue tout autre, si amaigrie qu'il n'en restait qu'un visage en lame de couteau. Bouleversé, je me jetai contre le mur, n'osant plus le regarder. Hormis l'adolescent tombé dans la cuve d'huile bouillante d'une usine, je n'avais jamais vu de cadavre de ma vie et pourtant, durant cette guerre, des dizaines de millions de gens étaient morts. J'ai rejoint André. Je me suis assis sur le bord du lit. Ses yeux restés grands ouverts louchaient. J'aurais voulu les lui refermer, trouvant que ça l'enlaidissait, mais je ne savais comment m'y prendre. Puis je me souvins du geste que font les acteurs dans les films en pareille circonstance et je passai la main au-dessus de ses yeux, mais les paupières ne s'abaissèrent pas, comme soudées. Sur les lèvres légèrement entrouvertes, il y avait des traces de fièvre violacées. C'est tout ce qui restait de vivant en lui. Le directeur a soudain dit d'une voix douce : « Sa valise est prête, si vous voulez y ranger ses affaires », et il s'en est allé à pas discrets. Le père sans attendre a ouvert les tiroirs de la commode et a sorti tricots, chemises et autres linges, puis les a pliés soigneusement avant de les disposer ; une fois la valise pleine, il a regardé dans les placards les uns après les autres et a rempli une sorte de sac marin avec ce qui restait. J'ai reconnu une paire de chaussures d'André. Tous ces vêtements qui lui avaient appartenu, maintenant vides, sans vie, me firent une impression glaciale. Ensuite le père est allé sur le balcon et a regardé les alentours. « C'est un beau pays », a-t-il fini par dire en se retournant. Il paraissait absent, il ne se composait pas une tête de circonstance, il acceptait la mort comme un qui n'en était pas à son premier deuil. On est restés un certain temps avec André. Lorsque le directeur est revenu, à sa façon de laisser la porte entrebâillée, on a compris qu'il fallait partir. J'ai embrassé mon frère sur les lèvres. J'ai eu la sensation que le père ne trouvait pas ça convenable. Lui, l'a embrassé sur les joues. Dans les couloirs glissaient des ombres. Tout était ripoliné dans cet endroit, même le silence. Dehors le ciel d'un bleu strident et le vert agressif de la végétation nous ont enveloppés de leur indifférence. « L'enterrement est à huit heures », a dit le directeur en nous serrant la main.

On a loué une chambre à deux lits dans un bel hôtel. Il n'y avait personne. C'était une période hors saison. Le père promenait des regards admiratifs sur les parquets blonds qui sentaient l'encaustique, et sur les boiseries. Au petit matin on s'est rendus au cimetière. La fosse était creusée. Quelques personnes attendaient, des jeunes, sans doute des malades ; entre autres une jeune fille. J'ai pensé à la fiancée dont il m'avait vaguement parlé une fois dans une lettre. Il y avait aussi le curé et des enfants de chœur. Après la petite cérémonie, on a échangé des regards à la dérobée entre nous tous mais, étant donné qu'on ne se connaissait pas, on n'avait rien à se dire. Je ne savais pas à qui il fallait m'adresser pour offrir un pourboire. Au prêtre ? Au croque-mort ? Tous sont partis. J'ai pensé au dernier coup de téléphone d'André. Trois ou quatre jours auparavant, lui, jusque-là si dur qui rigolait en parlant de ses cavernes, avait dit avant de raccrocher : « J'ai peur. » Muré dans mon égoïsme de bien-portant, moi, à qui sa maladie avait sans doute sauvé la vie, je n'avais pas cherché à comprendre qu'il s'agissait d'un adieu.

Tandis que je réglais la note au bureau de l'hôtel, le père est remonté prendre sa petite valise de voyage et les bagages d'André. Ne le voyant pas revenir, je suis allé le chercher. En ouvrant la porte je l'ai aperçu en train de frotter le plancher à l'aide d'un lainage calé sous son pied droit. Durant quelques secondes il a continué le va-et-vient et, devant mon air surpris, il m'a montré avec respect le brillant des lattes du parquet puis l'ensemble des boiseries sur les murs.

— C'est du beau. Je ne voudrais pas qu'on dise de nous qu'on a sali.

Je n'ai pas eu envie de discuter avec le père ni d'expliquer que le ménage était compris dans le prix de la chambre. C'est vrai qu'elle présentait un aspect luxueux. C'était pour se montrer poli, en quelque sorte, et dire merci. Il a arrêté le patinage. Il avait déjà refait le lit, sans doute balayé partout et nettoyé le lavabo. Un peu plus, et il attaquait le lavage des vitres. Il était temps de partir.

* * *

Les restrictions étant ce qu'elles étaient, il me fallait user de manœuvres reptiliennes afin de n'obliger personne de mon entourage à m'accorder l'aumône. Je voyais de moins en moins certains amis afin d'éviter la réputation de pique-assiette. Je travaillais de temps à autre, passant des petits rôles à la figuration dite intelligente, des beuglants au cinématographe et, pour le théâtre, du Français au Noctambule. Je m'encanaillais dans le social : manutentionnaire, dessinateur de boîtes de pâtes de fruits chez Mme Denise René, veilleur de nuit, professeur de mime, spécialité dont j'ignorais tout sur le plan technique, ce qui m'obligeait à puiser dans les thèmes d'improvisation employés chez Charles Dullin par Barrault et Étienne Ducroux. Certains élèves me terrorisaient par leur talent inné. Bref, je bricolais, grappillant quelques sous par-ci, par-là. Réfractaire, je vivotais, ahuri d'être le jouet de la force des choses.

J'évitais les endroits dangereux, le métropolitain, certaines stations, embranchements, lieux stratégiques propices à des guets-apens. Ma liberté était soumise au simple contrôle d'un gendarme tatillon.

Mais il y avait la piscine Deligny, échouée entre le palais gris du Louvre et les falaises de la gare d'Orsay, à deux pas du pont de la Concorde, sa plage de bois fourmillant d'occupés. Des corps se bronzaient le long des berges, sans contrainte...

Un jour, je revis par hasard le comédien du nom de Smet qui interprétait des textes de Charles Cros dans le cabaret d'Agnès Capri, où je jouais au début de l'Occupation le rôle d'un lion. Grand bonhomme, légèrement alcoolique, doté d'un fort accent belge, il semblait prospère. Quant à moi, même avec ce papier officiel qui me reconnaissait inapte pour l'Allemagne, je ne me sentais pas à mon aise. Il me demanda ce que je devenais. Je lui révélai ma situation précaire. Il m'apprit qu'il était l'un des directeurs artistiques de la Télévision française, organisme contrôlé évidemment par les autorités allemandes, et me proposa de me camoufler au studio des Buttes-Chaumont. Déjà, travailler à quelques pas du merveilleux parc me parut un bon signe. Sans hésitation aucune, j'acceptai. Il me bombarda chef machiniste. Le lendemain matin j'entrai en fonction. Je me sentis en sûreté dans ces immenses studios vides où une vague inactivité régnait. Quelques officiers teutons traînassaient mystérieusement. Je fus accueilli d'un mauvais œil par l'équipe d'ouvriers qui, théoriquement, devaient obéir à mes ordres : ces vieux de la vieille ne me cachèrent pas leur antipathie. Je compris au bout de quelques jours que c'était l'endroit idéal où se camoufler pour les engagés involontaires de mon acabit. En fait, les essais se poursuivaient mollement. La machine se préparait à l'après-guerre. Quelques centaines de postes répartis dans la région parisienne recevaient la diffusion journalière de dix minutes d'informations. Vu ma jeunesse, rapidement, les ouvriers refusèrent d'obtempérer et le peu de travail à exécuter, tel que porter des madriers d'un endroit à un autre, chercher un accessoire, monter un décor, retombait sur moi. Je démissionnai. Devenu simple machiniste, je rentrai dans les bonnes grâces de mes vieux collègues. Smet, qui décidément s'intéressait à mon avenir, me fit sortir du prolétariat et me nomma réalisateur. En effet il préparait une émission très attendue, paraît-il, par les malades, les hôpitaux, les casernes, les techniciens de l'audiovisuel et certains officiels. Enhardi, je lui fournis un thème : un soir au musée du Louvre, après la ronde du gardien armé d'une lanterne

sourde, les statues enfin libres chantaient, dansaient, jouaient la comédie, des athlètes de
cirque maquillés en éphèbes présentaient un
numéro de main à main et la Vénus de Milo
interprétait une chanson de Prévert. Je ne sais
si ce chef-d'œuvre fut la cause de mon renvoi,
mais Smet me l'annonça en y mettant beaucoup
de sentiment. Je le revis plus tard, longtemps
après la guerre, devenu définitivement alcoolique, clochard, personnalité lunaire, inconnu
mais indirectement célèbre pour des raisons
familiales.

*
* *

Je ne savais que faire de ma vie et ne me déci-
dais pas à embrasser sérieusement le métier de
comédien. Quant à envisager une carrière, c'était
le cadet de mes soucis. Un après-midi, je laissais
vaguer mes pensées au soleil de printemps à la
terrasse du Dôme lorsqu'une gitane en robe de
manège multicolore me saisit la main. N'osant la
repousser, je l'écoutai, goguenard, me dévoiler
mon avenir. Elle affirma que j'avais des doigts de
musicien. Elle se pencha, examina ma paume, et
après réflexion m'assura que je deviendrais une
célébrité dans le domaine musical. Mais qu'après
un temps indéterminé je retomberais plus bas

116

qu'auparavant. Sans doute pour clore la consultation sur une note gaie, elle m'annonça que je recommencerais une grande carrière qui me mènerait au succès. Après cet envoi de fleurs, elle me prédit encore que je finirais très mal. J'ai toujours dans ma tête le souvenir de cet oracle. J'attends l'épilogue.

Je voyais souvent le clan Sartre, mais je restais sur mon quant-à-moi devant la mystérieuse organisation qu'on entendait ronronner dans leurs têtes. Malgré leur gentillesse à mon égard, je les plaçais trop au-dessus de ma personne et ne me départais jamais d'une prudente réserve. Mais il m'arrivait plus souvent qu'à mon tour de dire des bêtises. Même avec Bost, plus près de moi par l'âge et ses façons de bon vivant, je ne me sentais pas complètement à l'aise. J'étais parfois invité à me joindre à la famille lorsque la tablée était plus nombreuse que de coutume. Cela m'emplissait de fierté. Ainsi, au Flore, j'observais Sartre en compagnie de quelques-uns de ses disciples : entre autres, Scipion le lunaire, un jeune comédien du nom de Chauffard, très à l'aise avec le maître, garçon roux à la moustache qui bavait jusqu'aux lèvres. Il jubilait souvent en parlant. Il avait toujours une pipe plantée au milieu du visage et fumait dans un style proche de celui de Sartre. A brûle-pourpoint, ce dernier nous dit qu'il n'était pas satisfait du titre de la pièce *les Autres*, parue chez l'éditeur Barbezat, que devaient jouer Wanda et Olga, mise en scène et interprétée par Albert Camus. Il expliqua qu'il aurait aimé un titre synthétisant la situation de trois coupables se déchirant entre eux pour l'éternité dans une chambre d'hôtel de l'enfer. Chacun émit quelques suggestions. Pour ma part, n'ayant rien compris, je proférai selon ma coutume une imbécillité : « A l'ombre des drapeaux. » Soudain Chauffard lança : « *Huis clos.* » C'était exactement ce qui convenait, et Sartre approuva cette trouvaille.

Un jour, Simone de Beauvoir me demanda ce que je pensais de son livre *l'Invitée,* qui venait d'être publié. Je n'avais pas été emballé et je crois lui avoir dit que j'en trouvais le style un peu incolore. Je n'étais guère aimable et pouvais laisser penser que j'étais insolent. En fait, à cette époque, je faisais peu de cas de la sensibilité des gens de lettres, dissociant complètement leurs écrits de leur personne. Il ne me venait pas à l'idée que chacun des mots représentait pour eux, en toute modestie, le plus profond d'eux-mêmes. Et puis j'étais imprégné des classiques, ces morts qu'on pouvait critiquer sans les vexer : Dumas, Stendhal, Balzac, Rousseau, London, Poe, Hugo, où l'action caracolait comme dans les films d'aventures. Les œuvres des gens célèbres que je connaissais ne m'intéressaient guère, ce qui me touchait en eux c'était leur personnalité. Longtemps confondue avec de la pudeur, mon indifférence se révélait proche de l'égoïsme. Je l'ai compris avec le temps.

*
* *

J'étais devenu bûcheron. Je ne sais quelle filière m'avait dirigé quelque part dans une forêt entre Normandie et Bretagne, non loin du Mont-Saint-Michel. Je vivais en compagnie d'une centaine de travailleurs, en partie des réfractaires. On dormait sous de longues tentes. Le soir de mon arrivée, dans ce réfectoire qui me rappelait celui des vacances à Saint-Junien, étonné par tous ces jeunes gens qui hurlaient joyeusement sans crainte du couvre-feu, je me fondis dans cette ambiance de conscrits. Une nourriture royale : soupe, légumes, un morceau de viande, pain et vin, presque à volonté. Je dévorais. Dans la nuit, je rejetai ce merveilleux repas sous le regard des étoiles, tandis que passaient des Armadas aériennes se dirigeant vers l'Est. Entre deux spasmes, j'eus une idée plus claire de cette guerre, pour la première fois. De partout, d'Angleterre, de Russie, du sud de l'Italie, d'autres chauves-souris convergeaient vers l'Allemagne, en ordre impeccable, afin de s'y livrer à leurs hécatombes quotidiennes.

Travailler de mes mains m'a toujours empli de fierté, pourvu que cela n'excède pas une semaine ou deux. Chaque nouveau venu servait d'aide à un bûcheron de métier qui, à la hache, attaquait le tronc jusqu'à la chute de l'arbre. Lors il se reposait et son compagnon coupait les branches au moyen d'une serpette. Une fois le tronc mis à nu, on le sciait à deux. Au bout de quelques heures je ne pouvais plus bouger les doigts ni remuer la main. A la fin de la journée, je me traînai jusqu'à mon lit de camp et n'ouvris les yeux qu'à l'aube.

Il ne me fallut pas moins d'une semaine pour endurcir un peu mes mains de demoiselle. Que je fus heureux durant cette période à l'abri de la forêt, protégé par ces millions de bras, voûte verte sur laquelle jouaient le soleil et la lune comme au travers de vitraux. Chaque nuit au-dessus de ma fragile tête s'agitait l'autre monde, celui des ténèbres ; d'abord j'entendais le ronronnement tranquille et menaçant des distributeurs de bombes au phosphore et autres douceurs qui partaient vers l'Est, puis, dans les silences, cris et frôlements de bêtes en chasse. Je me rappelle un bûcheron, une espèce de phénomène, colosse qui n'adressait la parole à personne et dont la puissance soulevait l'admiration et le respect. Il travaillait en solitaire, c'est-à-dire qu'il abattait l'arbre et l'ébranchait sans aide, sans même employer de serpette. Il aurait fait un bourreau extraordinaire. A la hache, il déshabillait le tronc tel un gorille jouant au ballon avec un pneu de camion gigantesque. On le surnommait le « gars-bœuf ». Vivre les vendanges, les moissons, être bûcheron, c'est comme faire l'amour avec la terre et le ciel. Il se dégage une sorte de grâce de la cohabitation avec la nature. Au soir venu, sous la grande tente, on dévorait dans un bruit de kermesse. Tous ces jeunes gens reprenant une vie libre, sauvage, redevenaient des enfants. Nerveux freluquets de la ville, nous suivions les directives des professionnels et admirions plus particulièrement ce fameux « gars-bœuf » dont la force prodigieuse alliée à une tranquillité de ruminant formait alentour de sa masse musclée une zone que personne n'eût osé franchir. Toujours solitaire, il engloutissait des assiettes de soupe, de viande et de légumes à n'en plus finir – car les restrictions étaient lettre morte dans le camp – et pour terminer, méticuleusement, divisait son fromage en petites portions qu'il avalait, accompagnées de gros morceaux de pain taillés à la miche, en gourmet, bouchée après bouchée. Quant au vin, c'était merveille de voir avec quel respect il vidait verre sur verre, sans à-coup. Qui, un matin, annonça que le « gars-bœuf » s'était rendu à la ville voisine consulter un médecin ? On ne le vit pas, en effet, au travail de la journée. Lorsqu'il revint en fin d'après-midi, personne n'eût osé lui demander la raison de sa visite. D'ailleurs on était déjà au courant, tant la langue, fût-ce dans une atmosphère rude et virile, peut distiller cancans et nouvelles de la même façon que dans un salon parisien. Bref ! la bête, le redoutable bûcheron, se plaignait de douleurs stomacales. A l'heure du repas, chacun lui jetait un regard en coulisse, s'attendant à le voir consulter une ordonnance et prendre petites pilules ou cachets. Il n'en fut rien. Son repas pantagruélique se déroula comme à l'ordinaire. Il bâfra allégrement et, à la déception générale, ne se départit pas de son mutisme coutumier. Mais contrairement à son habitude de se lever sitôt le repas fini, il resta un certain temps sur le banc, l'œil fixe. Soudain on le vit sortir délicatement de sa musette un paquet qui, dans ses énormes mains, prenait un aspect fragile. Il l'ouvrit avec précaution. Après avoir jeté quelques regards furtifs alentour, presque honteux, il en extirpa deux biscottes, les croqua avec abattement comme une pénitence. Les compagnons mesuraient l'ampleur du désastre et le désarroi sur le visage de cette force de la nature. C'est ainsi qu'on apprit que le « gars-bœuf » était au régime.

Nous étions loin des penseurs du Flore et des

folies guerrières contemporaines. Les relations intellectuelles se bornaient à de grosses plaisanteries charmantes qu'agrémentait l'accent du terroir. Je me fusse fort bien accommodé de ce nouvel état jusqu'à la fin de la guerre. Quelquefois, un garçon nommé Normand m'emmenait sur son vélo dans une petite ville située à une dizaine de kilomètres. Là, nous traînions un peu devant les vitrines, ébaubis au sortir de l'église verte de la forêt. Mais un changement se manifestait dans la région annonçant une période nouvelle. Des convois allemands passaient de plus en plus nombreux, se dirigeant vers l'Ouest, sans aucun doute en prévision du fameux débarquement. Il me reste des derniers jours une image exceptionnelle. Bûcherons et réfractaires travaillaient suivant une ligne qui, partant d'un sommet peu élevé, descendait vers un vallon et remontait en face jusqu'au faîte d'une petite colline. Brusquement, on entendit un rire si distinct et si rigolo que tout le monde chercha qui s'amusait ainsi. Le rire émis par on ne savait qui venait d'on ne savait où. Un bûcheron commença à se tordre, un autre prit la suite, puis un troisième et, en quelques minutes, l'hilarité devint collective. Le plus drôle, c'est que personne n'en connaissait la raison : et plus on se gondolait, plus on trouvait la situation comique. Cela dura un temps fou avec des arrêts et puis des reprises, des moments d'accalmie... Enfin tout cessa, et on se remit au travail. Je n'ai jamais compris le pourquoi de ce fou rire général – peut-être dû à un fugace parfum de bonheur qui voletait dans l'air.

*
* *

Je n'oubliais pas de venir au Café de Flore entre deux dérives afin d'y retrouver cette fameuse indifférence à la vie contemporaine. Dehors, une sorte de torpeur régnait. A vrai dire il ne se passait pas grand-chose, à part les bombardements ponctuels sur l'Allemagne, les alertes nocturnes presque quotidiennes. On entendait dans le noir le ronronnement des essaims d'avions survolant Paris comme un défi et se dirigeant vers l'Est. Je filais vers la Seine dès les premiers affreux miaulements des gigantesques sirènes et me protégeais sous le Pont-Neuf en compagnie de citoyens toujours en pyjama. C'était même distrayant, tous ces gens qu'on rencontrait. En revenant après l'alerte, il fallait longer les murs car des éclats d'obus, après avoir jailli en guerre buissonnière dans le ciel, retombaient avec retard. Amusante et dangereuse, cette pluie d'acier dont les gouttes brûlantes cliquetaient sur l'asphalte et les toits. Les croix de Lorraine apparaissaient un peu partout sur les murs ; emblèmes d'un général au nom prédestiné,

« de Gaulle », qui, réfugié à Londres, discourait d'une voix perdue, encerclée sur les ondes par le brouillage des parasites allemands. Il parlait de temps à autre au peuple français de façon incantatoire.

Lentement mais sûrement, les armées hitlériennes reculaient sur l'ensemble des fronts dans une retraite dite élastique, selon les termes des communiqués. Flottait dans l'air la promesse d'un débarquement auquel l'organisation Todt, de la Hollande aux Pyrénées, répondait en construisant une ligne infranchissable de bunkers. Au Moyen-Orient, on assistait à des courses de chars gigantesques, d'un désert à l'autre, entre les maréchaux Rommel et Montgomery.

Déjà le vent de l'histoire en colportait la rumeur : les cornes de sa future défaite poussaient sur le front d'Hitler. « V », la première lettre du mot « Victoire », fleurissait un peu partout sur les murs de Paris. Un jour, au coin d'une rue, je vis un mendiant qui jouait un air d'accordéon de façon lamentable. Il me fallut quelques secondes pour reconnaître *la Marseillaise*. Je ressentis des frissons tricolores.

Je vivais à l'époque en compagnie de mon émouvante personnelle à l'hôtel de la Louisiane. Mes grandes amours officielles sont sans importance. Je ne raconte que mes histoires intimes ;

j'entends par là les sensations, les idées, les sentiments. Le reste ne regarde personne.

Cet hôtel donnait sur le chatoyant marché de la rue de Buci. Notre chambre disposait d'une petite cuisine : le rêve. La vie continuait. Dans le désordre l'ordre s'organisait : des files humaines stationnaient devant les boutiques, les enfants se rendaient à l'école, les cloches des églises sonnaient minuit. La crainte des polices française, allemande et surtout de la Gestapo et de la Milice rôdait partout : avec elles, une fois piégé, c'était le mystère. On savait seulement qu'au bout des déportations existaient des camps de concentration. On n'en connut l'horreur qu'à la chute du IIIᵉ Reich. En France, ce n'était pas, loin s'en faut, la terreur instaurée dans les pays de l'Est, Balkans et autres contrées... Mais cette peur viscérale, semblable à celle que doit éprouver le peuple des rats à la merci d'exterminateurs, ne disparut pas la paix revenue. Elle me dura longtemps. Elle est encore en moi, nichée, aux aguets. Je la transpose en cauchemars, éruptions volcaniques, tremblements de terre. J'imagine Paris grelottant de fièvre, millions de murailles frissonnant des poussées de lave jaillissant sous nos pieds.

Après les déroutes hitlériennes, on eut le sentiment que les jeux étaient faits mais la partie pas encore terminée. Il y eut des changements dans le mode d'apprentissage des langues étrangères.

Marcel Duhamel entre autres suivit les fluctuations de ce conflit planétaire. Possédant déjà la maîtrise du langage américain — patois de l'anglais — et spécialiste de slang, argot employé par la pègre, il préparait son après-guerre en traduisant à tours de plume Dashiell Hammet, Chandler, Raoul Witfield et divers auteurs d'outre-Atlantique qui, à la suite d'Edgar Poe mais sans souci de romantisme, ne gardaient du poète que son alcoolisme. Par détectives privés interposés ils décrivaient la nouvelle société américaine, où bas-fonds et politique se mariaient. Dès le commencement de la guerre à l'Est, Marcel se lança dans l'étude de l'allemand avec une telle application qu'au bout de quelques mois il le parla presque couramment. Mais la non-prise de Moscou freina son enthousiasme. Le siège interminable de Stalingrad lui ouvrit les yeux. Sans attendre la reddition du maréchal Paulus, il se lança — clandestinement — dans l'étude de la langue russe. Il avait visé le vainqueur, comme les faits le prouvèrent. Sous ses dehors légers, Duhamel avait le sens de l'histoire. D'ailleurs, même après leur victoire à Pearl Harbor, il ne se mit jamais au japonais. Un choix qui ne trompait pas.

**

Assis sur la moleskine, je songeais vaguement à ces années étranges. La guerre continuait sans problèmes, à se demander si elle s'arrêterait un jour. Au fond, peut-être était-ce la même qui se poursuivait depuis l'âge des cavernes, entrecoupée de périodes de repos, comme un nageur fait la planche entre deux efforts. Sidérante, cette force des choses. Des centaines de millions d'êtres humains en état de vie larvaire grouillaient dans l'ombre hitlérienne qui recouvrait l'Europe. Et pourtant le monde entier avait été prévenu depuis longtemps de l'immense conflit. Allez comprendre les complexités labyrinthiques de la politique. Pour ma part toujours en retrait de ces agitations qui enfièvrent les peuples et les dressent les uns contre les autres, je ne manifestais pas d'enthousiasme. Déjà petit — j'avais environ onze ans — je manquais de confiance dans les chefs. Je chantais à l'époque avec les artistes en herbe de Maillot et dus participer un soir à une première de music-hall dans la salle de la Grange-aux-Belles. Au rendez-vous fixé dans les locaux du syndicat du Livre, avenue Mathurin-Moreau, j'arrivai en retard. Maillot s'en était allé. J'errai, désemparé, lorsque j'aperçus un tribun communiste célèbre en compagnie de quelques messieurs qui se dirigeaient vers un taxi. Je lui contai mon infortune. Il m'embarqua avec eux. Tandis que la voiture roulait, ils préparaient la seconde partie composée d'allocutions diverses. Tel un metteur en scène, Duclos, de sa voix pyrénéenne si caractéristique, distribuait à chacun son temps imparti, indiquait tel ou tel thème à aborder ou à éviter. « Toi tu présentes les membres du Comité central, mais je t'accorde dix minutes, pas plus. On doit impérativement finir à minuit... Ah ! Marcel, n'oublie pas la grève des mineurs du Nord... Ah !... Toi, tu attaqueras les Croix de Feu particulièrement... pas plus de vingt minutes... Léon, un mot sur le gros patronat... et tu me passes la parole... Je ferai environ trois quarts d'heure... Voilà... on finira par *l'Internationale...* » J'étais éberlué par cette cuisine de coulisses. La politique n'est pas loin du music-hall.

*
*

Le surprenant dans cette Occupation, c'était la juxtaposition de deux peuples. Les militaires germaniques dans les rues reprenaient leurs habitudes de civils, passaient indifférents dans l'indifférence générale des Parisiens. Un peu partout, écriteaux, drapeaux, oriflammes, sentinelles, inscriptions en lettres noires sur fond kaki apportaient une ambiance de kermesse funèbre. Des centaines de milliers de cyclistes sillonnaient les artères, et les voitures à chevaux ayant à nouveau droit de cité donnaient une note champêtre, presque anachronique. Le marché noir fonctionnait bien, et dans toutes les couches de la société. Les boutiquiers, sortes de Caligula de l'alimentation, dirigeaient la vie de la rue. Quant à la nouvelle race, les intermédiaires, sortis des égouts tels des rats, ils dominaient la ville. Tout ce petit monde, bourreaux et victimes, se mouvait dans le ouaté d'une toile d'araignée immense où le sens de la survie remplaçait la morale, la cruauté et la violence, les règles de la bienséance. Une marginale du groupe Octobre que les circonstances obligeaient à s'encanailler, jeune Alsacienne insignifiante mais parlant couramment allemand, trouva de par ses origines un créneau où s'engouffrer. Elle fonda un bureau d'achat et devint riche rapidement. N'oubliant pas ses amis anciens, elle invita à fêter son premier million les trois mousquetaires de la mélancolie ainsi que Lola l'émouvante avec qui je vivais. Ce milieu n'était pas le nôtre, mais l'idée du repas somptueux qui nous attendait nous fit passer sur la bassesse prévisible de cette soirée. Dès l'entrée nous fîmes tache. Nous montâmes au premier étage d'un grand hôtel de luxe et fûmes introduits dans une salle à

manger foisonnant de lustres énormes où la vale-
taille, astiquée à tel point qu'elle semblait ripoli-
née, virevoltait parmi les invités. Quelques têtes se
tournèrent vers nous avec des expressions d'abord
étonnées, puis moqueuses. Tous ces messieurs
portaient des smokings et les femmes, des robes du
soir. Nous nous consultâmes rapidement du
regard : nous avions non seulement des allures de
pauvres perdus mais, de plus, les mines mépri-
santes de Roger Blin et de Loris ne cachaient pas
la répugnance que leur inspirait cette assemblée.
Au moment où nous allions rebrousser chemin,
notre hôtesse surgit en compagnie d'un individu
rutilant d'un ignoble sourire. C'était un acteur
dont la célébrité provenait moins de ses rôles au
cinéma que de sa réputation de maquereau. Il
était ce qu'on appelle dans le milieu un demi-sel.
Il dirigeait la destinée d'une des plus célèbres
vamps du cinématographe français. « Mes amis »,
dit l'hôtesse ; « Bonsoir les p'tits potes », lança le
personnage. Je crois que les mousquetaires le
saluèrent vaguement. Ce monsieur s'inclina
devant Lola et, lui prenant la main, il la porta à
sa bouche immonde et la baisa. « Je m'présente »,
dit-il d'une voix grasseyante, « la plus belle bite
des deux zones ». Là-dessus, il partit d'un éclat de
rire qui me fit froid aux yeux. Je n'avais jamais
vu personnage aussi gênant. Les têtes de Roger
Blin, Loris et Toni étaient lointaines et sinistres.

Ainsi, c'était ça, les rois de la rue. Tous en tenue de réception. Les femmes aussi voyantes que les hommes. Évidemment, champagne, amuse-gueules. Tous ces spécimens de trafiquants parlaient et riaient fort. Nous restâmes ensemble, ahuris par la découverte de cet autre monde sans commune mesure avec le petit marché noir qu'on connaissait. Table qui occupait la moitié du salon. L'horreur ! Je n'en crus pas mes yeux, devant pareille profusion de victuailles en pleine disette. Cet étalage m'enleva le plaisir que j'espérais prendre. Il en était de même pour Lola et mes compagnons, dont les mines absentes indiquaient qu'ils n'étaient pas au mieux de leur moral. Décoration florale, argenterie, verrerie, nappes luxueuses, immenses corbeilles de pain, beurre par kilos, divers plats emplis de gibier, d'œufs, de saucissons, d'asperges, toutes denrées introuvables. Et, pour couronner l'ignominie, des marmites entières de caviar où les seigneurs se servaient à la louche. Il se dégageait de cette tablée de bâfreurs à visages de tueurs une atmosphère si immorale que j'en perdis l'appétit. Je n'avais jamais assisté à un dîner aussi répugnant. Ces monstres qui dévoraient, rigolards et hurlants, en arrivaient à me terroriser. Ils étaient capables de tout. Parmi eux se trouvaient certainement des tortionnaires, des assassins, des truands qui travaillaient pour les polices, qu'elles fussent allemande ou française. Je songeais au joli marché de la rue de la Louisiane, en bas de l'hôtel où les files de ménagères attendaient, leurs cartes de rationnement à la main, l'ouverture des boutiques. Les bons sentiments me serraient la gorge. Ils m'avaient volé ma faim. Lorsque nous nous retrouvâmes dans la rue, après ce déshonorant festin, nous prîmes le chemin de Saint-Germain-des-Prés. Nous n'avions pas besoin d'échanger nos impressions. C'était un autre monde.

*
* *

Au cours de la guerre, rarement, je suis allé voir la mère. Le petit voyage me donnait l'impression de repartir vers l'enfance à reculons, au long d'une route où rien ne changeait, mon vieillissement mis à part. Métropolitain, château de Vincennes, tramway bondé. J'apportais ce que je pouvais trouver, c'est-à-dire pas grand-chose. La plupart des voyageurs allaient visiter leur malade. Munis de balluchons et de petites valises, avec cet air secret des gens qui thésaurisent des malheurs. Dans un tintamarre de ferraille, derrière les glaces défilait la frise des maisons banlieusardes, jardins, champs, villages. Après la Maltournée surgissait vraiment la campagne. D'arrêt en arrêt, le nombre de voyageurs s'éclaircissait. On se retrouvait entre inconnus familiers, tous reliés au cordon ombilical de l'asile. En passant devant Ville-Évrard, à droite, je jetai un coup d'œil. Par Youki Desnos, j'avais appris que le comédien Antonin Artaud y était interné. Cet homme m'avait impressionné par sa beauté, son visage d'ange fiévreux, entrevu dans des films sans que je sache qui il était ; mais j'avais été touché par cette aura de maudit plaqué sur ses vibrantes expressions. Arrivés au terminus, par petits paquets résignés, on se dirigeait chacun vers son malade. La mère me reconnaissait encore à l'époque de l'Occupation. Elle ne me parlait pas. Je ne pouvais savoir si ma présence lui causait du plaisir ; même tristesse qu'au zoo lorsqu'on regarde un animal qui vous regarde lui aussi et que soudain, dans ses yeux, surgit un éclair, un reflet qui vous met à nu et vous ferait presque honte de le voir enfermé derrière les barreaux. A chacune de mes furtives visites, brusquement, la mère, comme si un court instant elle redescendait sur terre, me demandait des nouvelles de mon petit frère André. Pouvais-je lui révéler qu'il était en sanatorium ? Je lui disais qu'il travaillait au loin, qu'il l'embrassait fort et ne tarderait pas à venir, n'importe quoi avec un franc sourire de menteur. Elle était là, de plus en plus petite, loin de moi et de tout, ailleurs. Et je ne la retrouvais que durant le rapide instant où le rayon bleu de son regard me dévisageait, surgissant entre les persiennes presque closes de ses yeux.

Un jour, Wanda me demanda de l'emmener à Maison-Blanche. Un dimanche. Ce voyage triste, transformé par sa présence en promenade, au fur et à mesure que nous approchions de l'asile, me causait un sentiment de gêne. Je commençais à m'en vouloir, d'exhiber ma mère. Lorsque Wanda m'en avait parlé, j'étais presque flatté qu'elle fût curieuse de la rencontrer, qu'une bourgeoise s'intéressât à une enfance misérable. Ce fut étrange de la voir pénétrer dans le pavillon, passer le parloir et aller dans la salle déjà pleine de malades et de visiteurs. La mère apparut. La surveillante lui indiqua où je me trouvais. Je me sentis séparé d'elle et de son destin par dix mille années-lumière et me traitai intérieurement de salaud. La suite fut habituelle. Je ne sais même pas si la mère enregistra la présence de Wanda lorsque je la lui présentai. Nous sommes revenus jusqu'à Paris à pied. C'était une marcheuse formidable ; elle abattait des kilomètres en styliste, à un rythme de chasseur alpin. Au sortir de l'asile, Wanda, peut-être gênée par son évidente bonne santé contrastant avec cet univers pénible, était devenue maussade. Elle a dit : « Ça m'a fait sinistre cet endroit ! » Le verbe « faire » était une des bases de la rhétorique du groupe Sartrien. Puis nous n'avons plus parlé de la visite. Quelques kilomètres plus loin, je n'ai plus pensé à rien qu'à elle, au plaisir déconcertant d'être tout seuls ensemble loin de Saint-Germain-des-Prés ou de Montparnasse. Étonné, pour la première fois je posais un regard sur Wanda, un regard différent, presque étranger, comme sur une fille inconnue. Que je la trouvais plaisante ! A mes yeux, elle était à la fois jeune fille et femme, et lorsque parfois je caressais les lignes de son corps, je détournais vite le regard de peur qu'elle n'y lise des pensées vénielles. Un petit amoureux transi, c'est un peu un cocu à l'envers. On se moque, il ne le voit pas. Je me souvins longtemps de cette marche, cette oasis de bonheur que fut le retour de Maison-Blanche à la porte de Vincennes dans l'atmosphère automnale.

***

Posté à une centaine de mètres de la prison de Fresnes, j'attendais le signal. Les longues murailles noirâtres trouées de lucarnes et armées de barreaux donnaient sur le vide. On était si repérables que j'eus un instant l'idée de filer avant d'être arrêté par les sentinelles allemandes. Tout d'abord, je n'avais entendu qu'un silence de mort, d'autant plus impressionnant que derrière les hauts murs vivaient des milliers de détenus. Peu à peu, je perçus un étrange bruit très doux, une sorte de brouhaha, un condensé de conversations. Je fus stupéfié en comprenant qu'il s'agissait des prisonniers dont la voix traversait les murs, un peu comme aux alentours d'une ruche apparemment sans vie bourdonne un essaim d'abeilles invisibles. Par Marc Barbezat, l'éditeur, j'avais été mis au courant de cette combine permettant de contacter les détenus. Je devais rester jusqu'à ce qu'on m'appelle et donner le numéro de la cellule. J'attendais donc depuis un certain temps, quand, de la prison là-bas, une femme me cria : « Numéro de cellule, quel nom ? » Je hurlai le mien et le numéro demandé. Le message fut répercuté de lucarne en lucarne et soudain la voix vibrante d'Olga Barbezat déchira l'air jusqu'à moi. « Mou-lou... c'est Olga... Lola est de l'autre côté... je lui dirai que tu es venu... bravo pour le Prix de la Pléiade. Je t'embrasse. A bientôt. » Le silence retomba et je repartis rapidement par les champs, ému, heureux et bouleversé de ce rapide échange.

Lola et Olga Barbezat avaient été arrêtées et incarcérées à Fresnes. Elles prenaient le thé chez des amis lorsque la Gestapo surgit et embarqua tout le monde. Les locataires utilisaient l'appartement comme boîte aux lettres d'un groupe de résistants. Elles furent emprisonnées plus de trois mois avant d'être libérées. Cette aventure est décrite dans un remarquable livre, *Contes de Dachau*, dont l'auteur est le seul de cette bande à être revenu des camps de concentration allemands. Minuscule et perdu dans cette plaine dangereuse qui entourait Fresnes, je m'étonnai qu'Olga fût au courant de ce Prix de la Pléiade qu'un jury littéraire venait de m'attribuer. En fait, chaque arrivant de l'extérieur donnait des nouvelles fraîches immédiatement répercutées aux quatre coins de la prison. Je ne sais pas pourquoi j'avais obtenu cet honneur. Sans doute la protection de Sartre. Le prix était accompagné d'une somme de cent mille francs. En bon fils, j'acquis une petite maison pour mon père quelque part vers la Loire. J'eus vaguement l'idée de me consacrer à l'élevage de l'oie. Ce superbe volatile valait à l'époque mille francs. Je m'imaginais promenant mon troupeau dans un paysage bucolique, en attendant la fin de la guerre. Afin de célébrer ce prix, je proposai à la Sainte Trinité de les inviter à une fête. Ils furent d'accord. Elle eut lieu à Taverny dans une maison prêtée par je ne sais qui. Je courus les officines louches pour trouver bouteilles de vin et broutilles alimentaires. Les réjouissances se terminèrent à l'aube. Personne parmi les invités n'eut la possibilité de repartir, cloués que nous étions tous par le couvre-feu. La soirée aurait été parfaite sans un incident qui me révéla combien fragiles sont les rapports humains.

– La fleur de l'âge –

Parmi les invités se trouvaient les Kosakévitch, Albert Camus, Leiris, Raymond Queneau, Merleau-Ponty et bien d'autres personnalités du monde littéraire et artistique. Tous buvaient sec, surtout du vin rouge, les alcools étant rares. Au cours de la fiesta passèrent des centaines de bombardiers en route vers l'Allemagne avec le superbe spectacle des projecteurs fouillant un ciel strié de canonnades flamboyantes. Le tout baignait dans les feux d'artifice des obus multicolores qui crevaient la nuit comme de la chair. Il y eut des chants, des rires, des discussions. J'eus l'honneur de voir Sartre danser une parodie de tango. Beaucoup d'invités étaient ivres et s'amusaient ferme. Il flottait dans l'air un parfum de liberté venu de l'Ouest et chacun au fond de soi rêvait du débarquement tant attendu. Tard dans la nuit, tout ce beau monde s'égailla, soit pour converser, soit pour se reposer. Moi, un peu ivre, je jouais en chaloupant les maîtres de cérémonie. Sartre et Simone de Beauvoir étaient fatigués, je les accompagnai au premier étage et leur ouvris une chambre d'amis. Sur le seuil, au moment de repartir, je me retournai et leur demandai s'ils avaient besoin de quelque chose. Peut-être se glissa-t-il dans ma voix une inflexion qui frôla leur intimité car Sartre me lança un sale regard et répondit sèchement par un : « Laissez-nous ! » qui me glaça. Je refermai la porte, impressionné par la vision de cet homme dont le regard soudainement m'avait remis à ma place. J'avais eu l'impression d'être une mouche.

En bas, la fête continuait. Quelques irréductibles attendaient l'aube, des couples dansaient, certains discutaient encore, verre à la main. J'invitai Olga. Elle et sa sœur Wanda adoraient les biguines. Je ne les avais pas revues danser depuis la drôle de guerre, au Bal nègre de la rue Blomet. Je n'étais guère doué, mais je remplaçais mon absence de don par une certaine sobriété. Tandis que j'admirais Olga, j'étais frappé pour la centième fois par le contraste entre sa figure ordinairement blafarde, un peu floue, un peu lunaire, et son corps qui se déhanchait. Après chaque disque il fallait tourner la manivelle du phonographe. Peu à peu la soirée commença à mourir. Mais on devait attendre le petit matin, la levée du couvre-feu, pour être libres.

Les invités s'étaient dispersés un peu partout dans le pavillon. Je voulus inviter Olga à danser mais elle jetait des coups d'œil à gauche et à droite et ne s'intéressait plus à la danse. « Où est donc passé Bost ? » s'écria-t-elle, soudain nerveuse. Elle m'attrapa par la main. « Allons à sa recherche ! » Elle semblait ravie, tout excitée par ce jeu d'enfant. Le pavillon comportait de nombreuses pièces. Elle partit en chasse de son côté, moi du mien. J'entrai dans une chambre ; malgré la pénombre, je distinguai des gens endormis. Plus loin j'ouvris une porte et tombai sur un grand jardin d'hiver vaguement éclairé par une gigantesque véranda se terminant en verrière sur la nuit un peu laiteuse. J'avais à peine entrouvert le battant, afin que la lumière électrique ne fût pas visible du dehors à cause de la défense passive. Je ne devinais qu'un enchevêtrement de plantes et d'objets. Je m'apprêtais à sortir, lorsque je crus apercevoir une ombre, une forme quelque peu dévêtue passer sur la pointe des pieds en contre-jour de l'écran formé par la véranda. Je refermai la porte sans y attacher d'importance. Dans mon ivresse je n'étais même pas sûr d'avoir réellement vu une silhouette. Olga m'attendait à quelques pas. Elle s'amusait ferme, semblait-il. Olga : « Alors ? » Moi : « Je ne l'ai pas trouvé. » Elle bondit vers l'escalier. « Continuons, il doit être là-haut, il y a d'autres pièces. » Avant de poursuivre, elle m'indiqua d'un mouvement de tête le jardin d'hiver que je venais de quitter. « Et là ? » « Non, répondis-je, je crois qu'il y a des gens qui font l'amour. » Sur ce, elle monta quelques marches. Soudain elle s'arrêta, se retourna, son visage s'était transformé en un masque glacé. Comme une furie elle dévala l'escalier et pénétra dans ce lieu presque avec sauvagerie. Après un moment de silence, le scandale éclata.

Hurlements, discussions, par instants une voix

d'homme recouverte par celle tonitruante d'Olga, sortie de je ne sais où, une plainte. Descendant du premier étage, Sartre et Simone de Beauvoir apparurent, encore ensommeillés, un peu grotesques. Quelques invités surgirent, effarés. Albert Camus, Queneau, Merleau-Ponty et bien d'autres encore s'en venaient aux nouvelles. Le groupe attendit l'issue de la bataille. Pour ma part, je commençais à subodorer ce qui s'était passé. Enfin du jardin d'hiver sortit Olga vociférant suivie de Bost qui n'avait pas l'air d'apprécier la situation. Elle ne cessait de l'insulter d'une voix haineuse, en proie à une furie slave. Simone de Beauvoir en s'interposant entre eux ramena le calme. D'une voix péremptoire, elle ordonna à Olga de se taire. « Vous vous conduisez comme une poissonnière ! » lui lança Bost, conservant une raideur protestante. Là-dessus Beauvoir entraîna Olga au premier étage et tout rentra dans l'ordre. Le charme de la soirée fut rompu. Nous étions plus près de Feydeau que de Hegel. Soudain, comme un spectre apeuré, apparut sortant du jardin d'hiver la belle Leila. A la vue de ces gens qui stationnaient et la fixaient elle fila honteusement et disparut. Je me demandais comment Bost, que je plaçais si haut, avait pu se laisser aller à une faiblesse aussi idiote. Je l'avais entendu dire à Sartre après le départ d'Olga : « C'est con, elle ne me plaisait même pas cette fille. » Heureusement le petit matin pointait.

Tous ces intellectuels fatigués prirent le chemin de la gare avec l'allure un peu miteuse de noceurs s'en revenant d'une fête terminée en queue de poisson. Remis des émotions et des ravages de l'alcoolisme mondain, ils devisaient par petits groupes. Le trio Sartre ne semblait pas au mieux de sa condition physique et intellectuelle. A l'arrière traînait Olga Kosakévitch, manifestement mise en quarantaine. J'étais un peu indigné. La victime avait l'air d'une coupable. Touché par sa tristesse, je la rejoignis et l'accompagnai jusqu'à la gare. Nous montâmes, loin de la troupe, dans un wagon qui devait dater de la guerre précédente. Dès qu'elle fut à l'abri des regards, elle ne cessa de pleurer en proférant pis que pendre contre Bost. Je la consolai comme on peut consoler une Slave qui prend son cocuage au tragique. Je l'abandonnai à Paris.

*
* *

J'entrai au Flore. Ce devait être en fin de matinée ou au début de l'après-midi. J'aperçus à droite Bost attablé en compagnie de Scipion. J'allai à eux. Je tendis la main à Bost en lui disant bonjour. Il me foudroya d'un regard hautain. D'une voix forte et un peu théâtrale il me lança : « Vous êtes un salaud ! » J'en restai pétrifié. N'ayant pas le sens de la repartie, je ne trouvai rien à répondre ; ne sachant que faire je remis ma main dans ma culotte. Je ne comprenais pas ce qui me tombait sur la tête. Je ne cherchai même pas à protester ni à me défendre contre cette accusation. Me justifier ? Mais de quoi ? Je tournai les talons et sortis du café. J'errai abattu par les rues puis je pris la décision d'aller voir Olga. Elle logeait à Montparnasse, dans un hôtel de la rue Vavin. A l'entrée, j'appris qu'elle était chez elle. Je montai donc jusqu'à sa chambre, anxieux mais soulagé tant j'étais sûr que tout n'était qu'un malentendu. Elle allait m'expliquer la colère de Bost et arranger l'affaire. Je frappai à sa porte, plein d'espoir comme si une fée allait me sauver des griffes d'un chat. « Qui est-ce ? » Je reconnus la voix d'Olga. « C'est Moulou. Excuse-moi de te déranger, mais... » « Je ne peux pas te recevoir, qu'est-ce que tu veux ? » « Je viens de voir Bost, il me traite de salaud. Qu'est-ce qui se passe ? » La porte d'entrée s'entrouvrit. Elle montra un peu de son visage blême. « Je suis fatiguée, tout cela ne m'intéresse pas. » Elle referma le battant, je restai là, ahuri, planté sur le palier, de plus en plus perplexe. « Je t'en prie, criai-je, un instant seulement... »

Dehors, tête embrumée, j'essayai de renouer les fils de cette fiesta de la veille si mal terminée. Je me souvenais de chaque instant mais n'arrivais pas à saisir ce qu'on me reprochait... Qu'avais-je commis de si immonde qui justifiât le mépris d'un Bost que j'aimais tant. Sa manière de m'adresser ce « salaud » sans vulgarité et sans haine, avec la sécheresse d'un couperet de guillotine, montrait qu'il s'agissait d'un acte vraiment vilain. Après avoir traîné dans les rues, je retournai mélancoliquement au Flore. J'aperçus un des mousquetaires, assis au fond, face à l'entrée, beau et lumineux. Levant sur moi son regard si bleu, il me tendit la main et je la pris comme si c'était une obole. Nous restâmes un long temps sans dire quoi que ce fût. Je me sentais bien au côté de cet ami au fond si inconnu, si doux, si calme. Cet incident m'affectait plus que je ne saurais le dire. Soudain Toni me jeta un coup d'œil presque interrogateur et, doucement, avec un sourire moqueur et désabusé : « Il paraît que tu ne t'es pas très bien conduit cette nuit. » J'eus des frissons de honte. Je ne répondis pas et haussai intérieurement les épaules. Donc le bruit de mon inconduite s'était déjà répandu. Je pouvais d'autant moins lui parler de cette affaire ; en effet, sa femme, la belle Leila, était l'héroïne clandestine de cette péripétie vaudevillesque.

Le lendemain matin, en me rendant au Flore comme à l'accoutumée, j'aperçus, assise à la première table à gauche dans le renfoncement vitré de l'entrée, le Castor qui, visage intériorisé par la réflexion, studieusement écrivait. Je me plantai timidement devant elle. Elle leva les yeux et me sourit, à mon grand soulagement. Après cet aimable accueil, je sentis qu'elle n'avait qu'une idée, continuer son travail. Mais j'étais en proie à une telle détresse que j'osai m'incruster et lui demandai la permission de l'entretenir de l'accusation de Bost. « Mais qu'ai-je donc fait ? Et pourquoi Olga ne veut-elle plus me parler ? » Elle fut sans doute émue en me voyant si désemparé. Avec douceur elle me dit de me calmer. Touché par sa compréhension, je la priai de m'expliquer ce qu'on me reprochait. Enfin je fus éclairé. En gros, voilà quelle était la version qu'avaient les Sartre du petit scandale de l'avant-veille. Depuis longtemps, j'étais amoureux d'Olga et la désirais secrètement. Cette nuit-là, ayant vu Leila et Bost se glisser subrepticement dans le jardin d'hiver au cours de la soirée, exploitant habilement le fait qu'Olga était à la recherche de Bost et m'avait demandé de l'aider, je lui avais sciemment indiqué l'endroit où le couple se cachait. Plus tard en revenant à Paris par le train, dans le wagon où je l'accompagnais, profitant de son désarroi, je lui avais proposé de vivre avec moi. Voilà le roman que le Castor me débita d'un air apitoyé et compréhensif. Je restai un certain temps abasourdi à l'écoute de ce conte de fesses.

En somme, j'étais d'après eux un dénonciateur

qui, non content d'être un salaud, agit en imbécile. Selon cette expression qui nous vient du milieu, on me faisait porter le chapeau. Je fixai longuement le Castor, chose dont j'ai horreur car j'ai l'impression de loucher.

— Vous croyez vraiment, Madame, que j'aie pu commettre cette saloperie ?

— Olga a assuré que vous avez tout manigancé afin de lui proposer de vivre avec elle.

Cette accusation était tellement énorme que je ne trouvai rien à répondre.

— Allons, Mouloudji, cette affaire n'est pas bien grave. N'en faites pas un drame. Nous resterons amis.

Comment aurais-je pu me défendre avec mon innocence comme seule arme ? Brutalement je tombais sur des juges qui me condamnaient sans me prévenir et me montraient la porte comme on fait à un valet soupçonné de vol sans savoir s'il l'a commis. Je restai silencieux. Le Castor paraissait embarrassée de se mêler d'une histoire qui au fond ne la regardait pas.

— Écoutez, conclut-elle, même si vous êtes coupable, nous vous pardonnons.

Cette phrase me fit froid dans le dos. Je me suis levé doucement, très doucement. Je crois que je lui ai dit « Adieu madame » le plus impersonnellement possible puis je suis allé m'asseoir quelque part sur la banquette, face à l'entrée. Là-bas

Simone de Beauvoir s'était remise à écrire. Elle m'avait déjà oublié. J'étais congédié. Je savais que je serais en manque d'eux longtemps.

J'ai revu un jour le couple Bost sur une place en Espagne, à proximité de l'arène, à la feria de Madrid, où je me trouvais avec les Barbezat. Ils étaient apparemment heureux, mariés. La tristesse me nouait la gorge. Ils me regardaient par instants en parlant aux Barbezat. Lui, jovial, beau, bon vivant. Elle, à mes yeux, c'était une morte. Elle m'a presque souri. Elle n'avait pas l'air de me tenir rancune de m'avoir déshonoré. Ils eurent même la charité de m'emprunter des pesetas, Barbezat, comme tous les gens riches, n'ayant pas d'argent sur lui.

* *
* * *

Marc Barbezat me prévint de la libération de Lola l'émouvante. Comment ? Par qui ? A cette époque la parole était le véhicule des secrets et se répercutait d'oreille en oreille. Je me rendis à Fresnes et attendis, ému. Quelques personnes stationnaient déjà, peut-être une dizaine, devant l'immense portail. A l'heure dite, en effet, des prisonnières apparurent puis la porte se referma. Point de Lola. J'attendis quelque temps vainement puis, de guerre lasse, je regagnai la gare afin de repartir pour Paris. Avançant sur le quai, j'aperçus de dos une silhouette de femme avec, à ses pieds, un baluchon. Au premier abord, de loin, je ne la reconnus pas. Elle se retourna. C'était elle. Libérée après trois mois d'emprisonnement. J'en restai muet d'étonnement et ne sus que lui dire pour exprimer ce que je ressentais. Dans le train les paysages défilant derrière les glaces rendaient encore à mes yeux plus étrange le calme de son visage. J'étais tout désarçonné de la voir si tranquille, comme absente, alors qu'une heure auparavant elle était encore en cellule. Elle me demanda comment j'allais, ce que j'avais fait durant sa détention et ajouta même : « Je croyais que tu m'avais oubliée. » Je me sentis presque coupable en l'entendant car durant ces mois de séparation en effet j'avais continué à vivre, libre, perdant des heures à ne rien faire de ma liberté.

Des slogans fleurissaient sur les murs. Les arrestations se multipliaient. Près de moi, Desnos, André Verdet, Seldow le magicien, des amis. On conseillait de garder sur soi une brosse à dents, du dentifrice, du savon et un rasoir au cas où pris dans une rafle on finirait en prison. Sur tous les fronts, les armées allemandes retournaient inexorablement à leur lieu de départ dans une retraite ordonnée appelée pudiquement « défense élastique ». On vivait l'instant présent, baignant entre l'espoir et la peur du désespoir. Mille signes annonçaient l'imminence du débarquement. Le mot « américain » prenait un sens magique. On les attendait, ces croisés du Nouveau Monde. Et au-dessus de cette grande espérance planait la cruelle perspective d'un nouveau Dieppe. Qu'adviendrait-il de nous en cas d'échec ? Le père revint de Rennes, désireux d'élever des lapins. L'émouvante Lola voulait se remettre de son séjour à Fresnes. Moi, craignant d'être tôt ou tard arrêté comme réfractaire, je décidai de descendre avec eux vers le Sud. Munis de l'adresse d'un sympathisant du groupe Octobre, nous débarquâmes dans un grand village au nom flamboyant de Castel-Sauvage. Nous louâmes deux chambres à un prix raisonnable. On entrait dans la première par la place, les fenêtres de la seconde donnaient sur une rue étroite. Détail important. Cela permettait de se sauver en cas de besoin. Grâce à l'argent du Prix de la Pléiade, nous tînmes le temps nécessaire. Souvent au petit matin, le père et moi allions chasser les escargots qui pullulaient au long des haies. Parfois, il partait faire une razzia sur les feuilles de tabac dans les champs, véritable supplice de Tantale pour un fumeur invétéré. Parfois il volait des légumes. Chaque fin de semaine, les hommes quittaient le village pour un week-end au maquis. Les prudents préparaient l'avenir. Par les logeurs – par la femme surtout, véritable gazette – nous étions tenus au courant de tout ce qui se passait. Eux-mêmes adressaient des lettres anonymes et de petits cercueils noirs aux collaborateurs. Ils ne cachaient pas leur joie d'en découdre enfin avec l'envahisseur. Un peu partout, on signalait des attaques de mairies, fonctionnaires de l'État abattus, enlèvements. L'air du moment sentait la poudre. Moi, j'élevais des canards de race dits « musqués » à l'appétit gargantuesque, et qui grossissaient de jour en jour incroyablement. Un de ces sauvages palmipèdes, âgé de trois mois au plus, dévora un jour une peau de lapin trois fois plus grosse que lui. Il en resta sur le carreau, étouffé. De son bec ouvert sortait la queue du rongeur. On le déposa dans un coin, à l'agonie. Le lendemain, miracle, toute digestion faite après ce repas monstrueux, il rejoignit ses congénères dans la lutte pour la vie.

Ce bourg devait être en temps ordinaire sans histoires, mais le débarquement sonna l'heure des règlements de comptes. Le village, à l'idée de prendre sa revanche, bouillonnait. Nous, les étrangers, étions surveillés par l'œil policier de notre logeuse. Elle lançait parfois des réflexions sur notre présence. Avec l'avance des armées alliées, elle devenait de plus en plus curieuse. S'étonnant de l'apathie de certains jeunes hommes, elle vantait le courage de son mari qui passait le dimanche au maquis. J'opposais la sourde oreille à ses propos. Le débarquement en Provence accéléra la montée de l'héroïsme ambiant. Lola n'osait montrer son bulletin de Fresnes attestant sa levée d'écrou. Il fallait se méfier, par ces temps troubles de double jeu. Une division SS remontait vers l'Allemagne mettant à feu et à sang certaines communes et bourgades pour se venger des partisans. Malheureusement, un jour, le regard de notre logeuse se fit encore plus méfiant qu'à l'accoutumée en se posant sur ma personne que j'essayais de rendre le plus humble possible à défaut d'atteindre à l'invisibilité. Les indigènes et leurs yeux par en dessous me mettaient mal à l'aise. Ce manège dura quelques jours. Dans l'attente des libérateurs, l'atmosphère était méphitique. Quelques habitants soupçonnés de faiblesse envers l'occupant avaient déjà été occis. Enfin nous déballâmes nos lettres de noblesse. Moi, mon attestation truquée qui me classait d'emblée parmi les réfractaires ; Lola, son bulletin de sortie de Fresnes. Notre civisme une fois prouvé, la logeuse éclaira notre lanterne. Depuis le début de la semaine, une campagne d'affichage inondait la région, prônant les bienfaits d'un engagement dans la milice de Darnand.

Cette gendarmerie parallèle combattait férocement les résistants, qu'à l'époque on appelait terroristes. Notre hôtesse me conduisit devant la mairie et me désigna un panneau auquel je n'avais pas prêté attention : « Regardez, lança-t-elle, on dirait que c'est vous. » Sur une affiche, je vis un individu en uniforme, l'air dur braqué sur l'avenir et mitraillette braquée sur un terroriste imaginaire. Avec pour légende : ENGAGEZ-VOUS DANS LA MILICE. L'effroi me paralysa. En effet, c'était mon portrait tout craché. Je comprenais maintenant la raison de la suspicion générale à mon égard. En examinant plus attentivement le modèle, je discernai dans le visage des détails qui différaient. Mais le mal était fait. Nous étions déjà considérés comme des étrangers. Ce malentendu risquait de devenir dangereux. Et comment démontrer qu'il s'agissait d'un sosie ? Il y a des époques et des situations où l'on n'a pas le droit à l'erreur. Le père, l'émouvante et moi-même fîmes le point à la veillée. C'était une question vitale : sauver sa peau des fureurs de la liberté. Nous décampâmes, avant l'aube, sur la pointe des pieds. J'oublie de dire qu'au cours de ce séjour, n'ayant rien d'autre à faire, j'avais épousé l'émouvante pour le meilleur et pour le pire. Ah ! Jeunesse !

***

En Avignon, je vis des soldats américains qui me parurent immenses et, ô merveille ! ma première orange depuis la fin de l'Occupation, dans la main de l'un d'eux. Je fus héberlué par leurs uniformes bien coupés, leurs façons décontractées de civils, l'air de fête qui régnait partout et surtout leur accent qui farandolait comme des guirlandes d'ail. Quel changement en comparaison de l'armée teutonne, dure, respirant l'ordre et la discipline d'une fourmilière. Par des moyens de fortune nous prîmes la direction du Nord. Le père nous abandonna à Lyon afin de rejoindre sa petite maison. Enfin ce fut Paris.

***

Depuis quelques jours seulement la ville était libre ; il y régnait une ambiance heureuse. Le Café de Flore était bondé. On reconnaissait des têtes d'avant-guerre sorties de caches provinciales, des exilés débarqués de New York, de Londres, du Mexique, de partout. Certains en uniforme américain splendide et arborant des airs vainqueurs. La guerre continuait, certes, mais plus loin, là-bas, au bout de la gare de l'Est. On était revenu au point de départ. En cet été somptueux, la joie d'avoir survécu gommait les années terribles, à croire que le passé devient imaginaire. J'errais, ahuri devant cette nouvelle vague issue de l'Apocalypse. Tous se racontaient leur odyssée. Oubliés les milliers de petits ennuis de l'exil. Enivrés des jouissances à venir, ils humaient l'air de ce Paris retrouvé comme le font les gens excités par le fumet de la vie, à la fin des enterrements.

Dans ce nouveau Saint-Germain-des-Prés, seuls mes trois mousquetaires de la mélancolie, Toni, Loris et Roger Blin, n'avaient pas changé leurs façons d'être, imperméables aux fluctuations existentielles du quartier. Je m'accrochais à mes bouées de sauvetage, derniers exemplaires de luxe d'une manière de vivre que je pressentais en voie de disparition. Sans même me le formuler, je devinais qu'un courant allait nous entraîner vers le progrès, l'arrivisme, la croissance. Il y avait de l'épilepsie dans l'air. Il allait falloir entrer dans la danse, se mettre à travailler, refuser de se marginaliser sous peine d'être rejeté. Une autre époque commençait. Ce ne sont pas les gens qui changent, ce sont les choses de la vie qui se transforment et donnent le change. Encore ahuri par ces retrouvailles avec tant de fantômes bien en chair, j'allais traîner dans les petites rues autour de l'église. Je rencontrai l'écrivain Hemingway à qui Duhamel venait de me présenter à la terrasse des Deux-

Magots et j'essayais de me remémorer les quelques phrases que ce célèbre écrivain en uniforme de correspondant de guerre m'avait dites. Arrêté devant la vitrine d'une galerie de peinture, je contemplais les toiles sans les voir. A ma gauche se tenait un petit groupe. Je ne sais pourquoi, peut-être à cause d'un silence curieux, je tournai la tête vers eux et les lorgnai un instant. Tous me fixaient d'un air étrange, un type surtout dont le regard glacé me fusillait. Je détournai le buste comme si le soleil m'avait tapé dans l'œil. Je devinais en cet homme une haine viscérale à mon égard. Pourtant je ne le connaissais pas. Je ne comprenais pas ce qui se passait entre lui et moi et n'osais quitter la place. Soudain j'entendis une voix forte provenant manifestement de l'entourage : « J'ai horreur des Juifs ! » Sur le moment, j'enregistrai la phrase sans en saisir la raison. Mais brusquement, une sensation de peur irradia de mon ventre, celle qui depuis juin 40 m'étreignait lorsqu'on me dévisageait trop longtemps. Je compris qu'il parlait à mon adresse. J'en frissonnai et sentis mon nez faire le dos rond. On m'avait pris pour un Juif durant toute la guerre et à peine la paix revenue, voilà que cela redémarrait... Je fis face au groupe. Le type me regardait d'un air bravache. Je ne dis rien. Nous avons échangé nos regards comme deux cartes en vue d'un duel. Puis ils sont repartis. Lui, ricanant, moi, sans force devant ce mur de haine. Rien ne changeait. Heureusement la guerre touchait à sa fin. Cet incident prenait figure d'avertissement. On n'était pas sortis de la synagogue. Je m'en suis voulu de mon attitude et de mon silence. Il m'est revenu la phrase d'Henri Jeanson qui, poursuivi par un critiqué furieux, s'était étendu sur le bitume de l'avenue des Champs-Élysées en hurlant en direction de son agresseur : « Salaud, vous n'oseriez pas frapper un lâche ! »

***

J'avais déjà perdu la moitié de ma vie à me demander ce que j'allais faire de l'autre. Je suivais un chemin qui n'aboutissait nulle part. Je repris mes flâneries au long des jours et des nuits de Saint-Germain-des-Prés à la recherche de mon étoile. Déjà le quartier prenait les allures touristiques des quartiers chauds de Pigalle et Montmartre. Une nouvelle vague de justiciers et de moralistes demandait des comptes à ceux qui avaient voulu brader l'Alsace et la Lorraine aux Allemands.

Les Parisiens flottaient sur un petit nuage, encore grisés par la liberté retrouvée dans ce Paris en habit de fête. On idéalisait le général de Gaulle. De l'avis des comédiens, au début de sa conquête de la France, il parlait faux, ne sachant peut-être quel ton adopter dans ses discours aux Français. Il conservait le style oratoire emphatique des politiciens de la IIIe République. Mais rapidement, il adopta une autre manière, plus moderne, et dévoila un humour qui nous fit passer de douces heures au cours de la seconde moitié du xxe siècle.

Que j'aimais vivre dans ce quartier, à quelques pas de Notre-Dame et de l'Hôtel-Dieu où j'étais venu au monde ! Pourquoi là, au cœur de Paris ? La Seine traîne entre ces jolies rives, on lit partout l'empreinte du passé. Pavés désordonnés où entre les flaches poussent des brins d'herbe. Arbres immenses, petites plages, le paysage n'avait guère changé. On le retrouvait presque identique sur les gravures du xixe siècle. Files d'immeubles aux yeux pleins de rêves s'enfuyant vers les gares. Notre hôtel, rue de la Bûcherie, ancienne demeure, était si crasseux, si mal entretenu qu'on l'eût dit insalubre. Il fut plus tard restauré, à merveille. Madame de Beauvoir prit notre suite lorsque plus tard, quittant la rive gauche, nous fûmes hébergés par un mécène dans l'île Saint-Louis. Nous disposions gratuitement de trois chambres de bonne. Une colonie de clochards professionnels nichaient dans ces rues autour de la Maube dont les noms fleurent bon le Moyen Age et la Cour des Miracles. Le soir, on les voyait acheter des arlequins.

*
* *

La vie de couple me semblait un état curieux. Elle met au jour des pulsions secrètes. Oblige à suivre une certaine discipline, comme arriver à l'heure des repas, observer certaines contraintes ménagères. Incite donc à se réfugier dans une vie double. Je me trouvais prisonnier d'une femme pour la première fois. Jusque-là je pouvais fuir, vagabonder. J'avais désormais l'impression d'être englué dans une toile. La vie quotidienne me tartinait de confiture conjugale. Je redevenais l'enfant face à la mère, bouleversé par des désirs de fugues vite avortés. J'avais espéré autre chose, sans savoir quoi. Je me laissais dominer, enfermer chaque jour davantage dans la cellule de soie qu'est la vie à deux. Adieu songes rimbaldiens ! Piégé dans l'engrenage de l'amour — moi qui rêvais d'évasions à quelques pas du lieu de ma naissance —, je ne sais quel sentiment de ratage, tel un philtre pernicieux, m'envahissait. Bref je n'étais pas mon type d'homme.

159

Au Flore, comme toujours, je rejoignais mes trois amis, seuls êtres avec qui je me sentais bien. Nous restions souvent des temps infinis, en état de torpeur avancée, derrière la glace de l'instant présent tandis que se mouvaient les clients.

Enfin, un peu avant Noël, la guerre repartit de plus belle. Avec le sans-gêne qui le caractérisait, Hitler lança une dernière traîtreuse offensive dans les Ardennes. Il s'ensuivit une telle panique dans l'armée alliée que durant quelques jours on craignit un renversement de situation. En vérité, personne n'était profondément inquiet, car personne ne doutait de la puissance américaine. Les jeux étaient faits.

Je travaillais vaguement dans le cinématographe, gêné par ce déferlement de vitalité qui embrasait les Français. Figuration dite intelligente, petits rôles, assassins, voleurs, enfants perdus. J'assistais au procès de l'écrivain Brasillach. La représentation théâtrale de la cérémonie des assises me fascina et m'horrifia. Que de beaux criminels on découvrit ! Le docteur Petiot, prédateur en gros, tout à fait dans le style de l'époque, témoignait que le civil n'avait rien à envier au militaire. Divers voyous aux noms prestigieux continuaient leur petite guerre personnelle. Une page d'histoire se terminait. Je me tirais sans dommages physiques de cette hécatombe. Pas un coup, pas une gifle, pas une arrestation, pas une maladie, intact, avec toute ma vie à vivre. Mais j'ai gardé de cette occupation allemande une peur au ventre, pieuvre dont les tentacules ne me lâcheraient plus jamais...

*
* *

Je fus engagé dans un film tiré d'une œuvre de Joseph Kessel à la gloire des parachutistes, qui relatait les exploits d'une section de commandos français durant le conflit. Loris était de la fête et devait personnifier un de ces vaillants combattants dont nous étions si peu proches. Leur spécialité était de se livrer à des sabotages derrière les lignes ennemies. Un jour donc, avec quatre ans de décalage, embrigadés dans une troupe d'histrions qui frémissaient d'un héroïsme retardataire, nous cinglâmes vers l'Angleterre. Quelle émotion fut la mienne en quittant la rive du continent ! Connaître ce pays qui avait tenu tête à Hitler, seul après la défaite ! J'admirais les militaires, les marins anglais qu'on croisait sur le navire dans leurs uniformes bien coupés. Je voyais en chacun d'eux un héros. Ce qui me ravit le plus ce fut la présence de femmes-soldats, vêtues de tailleurs stricts bleu marine mettant en valeur leurs formes érotiques et coiffées de bibis, ou plutôt de casquettes sévères qui, par contraste, rendaient ces frivoles amazones encore plus séduisantes à mes yeux de pékin. Tout m'enchanta dans ce premier contact. Je n'en dirai autant des Anglais à la vue de notre troupe, car, rêvant de l'Eldorado qui nous attendait dans les magasins londoniens, chacun de nous s'était affublé des vêtements les plus minables qui fussent afin de les jeter, sa garde-robe renouvelée. A l'heure du thé, le mépris britannique à notre égard devint flagrant. De par notre statut d'acteurs nous étions incorporés au mess des officiers. Mêlés à eux, nous défilions devant une longue table. Méthode astucieuse que je n'avais jamais vue jusque-là employée en France. Nous prenions une tasse au départ puis trottinions à la queue leu leu et les serveurs emplissaient nos récipients. Les plaisanteries sur nos dégaines pleuvaient. Tout y passa ; ils nous trouvaient ridicules des pieds à la tête. Des vaincus, quoi ! Le pavé du monde civilisé. Ma chevelure, à leur gré un peu trop longue et trop fournie, me valut même une attaque verbale d'un Anglais typique, roux, et fier comme un drapeau. C'est vrai qu'ils étaient impeccables, ces officiers. Certains s'enorgueillissaient de moustaches astiquées, véritables œuvres d'art poilues. Décontenancé, je pris le parti de garder le silence. Après tout, il s'agissait de nos libérateurs. En fin d'après-midi, arrivée paisible au port de Londres, tranchant avec le tohu-bohuesque départ de France. Une atmosphère flegmatique conforme aux *Rules of life* forgées par la tradition britannique. Évidemment personne ne nous attendait, le producteur ayant sans doute oublié nos existences dans la pagaille du départ. Nous étions là perdus, échoués sur les docks. La nuit tombait, tirant au-dessus de nos têtes un tulle vaporeux : édifices et hangars prenaient des allures de décors d'*Opéra de quat'sous*. Au bout d'un temps assez long, il fallut nous rendre à l'évidence, nous étions abandonnés. Lors nous prîmes des taxis datant de l'autre grande guerre et demandâmes aux chauffeurs de nous conduire dans un hôtel correct. Ils nous crachèrent à White Chapel devant un immeuble noirâtre où se devinait le rose d'antan des briques. Je frémissais d'émotion en songeant à Jack l'Éventreur qui œuvrait dans ce quartier jadis misérable, son terrain de chasse préféré, et y dépeçait de petites prostituées. J'eusse aimé errer parmi ces souvenirs mais le moment était mal choisi pour me livrer à une exploration poétique des lieux où flottait encore le parfum de ses crimes. A notre grande surprise, nous découvrîmes que notre destination était l'Armée du Salut. Au vu de nos dégaines de pauvres, les chauffeurs avaient sans doute jugé que nous ne pouvions pas payer des chambres d'hôtel. Nous entrâmes, et là, nous fûmes pris en main par une femme-soldat. Elle nous remit à un bonhomme qui nous conduisit dans une salle à peine éclairée, long dortoir où de chaque côté d'une allée centrale une file de paillasses posées sur des tréteaux nous tendaient les draps. La plus grande partie était occupée par des espèces de cadavres qui ronflaient et borborygmaient. De cet ensemble s'élevait un fumet de chair mal lavée. Notre guide nous réclama des sous et seulement après — l'Anglais est soupçonneux — nous indiqua nos couches respectives. Avant de nous quitter, il tint à nous donner quelques conseils, mais les subtilités de l'anglais n'étant pas notre fort, exécuta une pantomime en espéranto gestuel : nous comprîmes que l'endroit n'était pas sûr et qu'il nous fallait cacher argent et valises sous la couverture, tout contre nous. Loris paraissait un peu abattu par la tournure que prenaient les événements. « L'Angleterre, c'est beau mais c'est triste ! » me confia-t-il avant qu'on ne s'endorme.

Le réveil fut sévère. Telle une bourrasque, un beuglement épouvantable traversa l'air du dortoir. Croyant à un bombardement, en quelques secondes, j'avais bondi hors de ma couche, remis mes vêtements, prêt à la fuite. En fait, c'était l'ordre de vider les lieux proféré par un individu qui parcourait l'allée au pas de charge en usant d'une force vocale surprenante. On eût dit qu'il hachait de la viande. J'obtempérai. Cette langue anglaise me parut aussi impérieuse que l'allemande. Épaves de la nuit, nous abandonnâmes les paillasses et avec une célérité empêtrée prîmes le chemin de la sortie.

Un car vint nous prendre à l'Armée du Salut pour nous conduire à Manchester. Au cours du voyage, je fus frappé par l'aspect cossu, l'ordonnance presque guindée de la campagne anglaise, plantée de pavillons coquets aux tapis de pelouse peignés quotidiennement, avec un soin que je jugeai maniaque. Puis nous entrâmes dans la cité. Notre troupe fut divisée en deux : les acteurs connus, logés à l'hôtel, les inconnus, parmi lesquels Loris et moi, dans une pension de famille dont la directrice proférait un anglais pâteux à l'accent opaque, inaccessible à des adeptes prédébutants de la méthode Assimil.

Chaque matin, nous gagnions un aérodrome distant de quelques dizaines de kilomètres. A notre premier contact avec les parachutistes que nous devions incarner, un malaise s'empara de nous, les cabotins. Leur stature nous impressionnait. L'un d'eux surtout, au dos si large que nous nous regardâmes avec effarement. Les présentations faites, ils se montrèrent cordiaux. Puis on nous amena à l'intendance, où nous fûmes costumés en héros. Les vrais avaient été de toutes les campagnes, dont celle de France. Mais, pour eux la guerre était terminée.

***

Manchester a deux visages. Durant le jour chichement alloué par un ciel couleur de suie, c'était la ville la plus laide de la terre, mais la nuit elle devenait grandiose et prenait une allure fantastique. La tristesse des pierres est indicible. Sur des kilomètres, murs d'usines à n'en plus finir filant en abîmes horizontaux vers des purgatoires rejoints par d'autres murailles puis d'autres encore dans un grouillement figé. De hautes cheminées. Le tout orné de tentures de deuil et de nappes noirâtres presque liquides, comme si l'ennui sécrété par sa laideur s'était transformé en un cloaque planant au-dessus des toits. Le premier soir, écrasé par une si grandiose solitude, je ressentis un tel étonnement devant pareille imperfection que son charme m'envoûta. Les milliers d'immeubles enveloppés de brume évoquaient des navires fantômes. Quelle émotion de cheminer au côté de Loris dans les rues striées de pluie. Manchester ! Un port abandonné de tous, même de la mer !

***

Étrange pays que l'Angleterre, et drôles de gens que les Anglais ! Ils ne cachaient pas avoir une haute opinion d'eux-mêmes. Ce n'était que justice. Cette guerre contre l'ogre sans autre allié que leur courage leur en donnait le droit. Ils nous regardaient de haut. Nos tenues de parachutistes d'opérette et nos présences — surtout la mienne — les incommodaient. Mon débraillé artistique, ma tête de déserteur, mes manières, tout leur déplaisait.

Après avoir essuyé quelques réflexions, j'obtins le droit de me restaurer auprès de la troupe en compagnie de Loris, dont l'état d'esprit était proche du mien.

Progressivement, j'appris à connaître ces jeunes Français, engagés volontaires. Un garçon, parmi eux, nous en imposait. Philippe Barrès, un lieutenant, me semble-t-il. Grand, allure aristocratique, nonchalant, toujours le fume-cigarette aux lèvres, il paraissait lointain mais se révéla finalement sans prétention. Très aimé de ses hommes — comme on peut le lire dans les rapports militaires. Au combat, un courage époustouflant. J'appris sa mort, plus tard, tué en Indochine ou en Algérie, je ne sais pas exactement. Un soldat de métier. Je me souviens aussi d'un autre gentil garçon à l'apparence douce et paisible mais que ses copains craignaient. Ils disaient que c'était un assassin. Affecté, après la débâcle, à la garde de prisonniers allemands, il en avait liquidé quelques-uns pour le plaisir. Il opérait la nuit, de dos, par surprise, et leur enfonçait son poignard de combat juste sous la dernière côte. Le foie traversé par la lame, la victime mourait, paraît-il, sans une plainte. Un virtuose. Chaque matin nous nous rendions à l'aérodrome, mais, mis à part le radieux ciel bleu du premier jour, le temps fut plus que détestable. En attendant de commencer le travail cinématographique, on jouait à des jeux d'argent en compagnie des parachutistes. Cette drogue devint notre activité majeure durant deux mois. Je ne sais pourquoi nous ne rentrions pas en France. Je n'ai jamais compris. Que faisions-nous là ? Le soleil montrait son museau parfois quelques heures mais, sans doute surprise, la production arrivait toujours trop tard. Nous étions à peine installés qu'il fallait démonter l'appareillage avant le déluge. On finit par se demander s'il ne s'agissait pas d'une sorte d'escroquerie légale... Des histoires de devises... Le soir, dans notre pension de famille, nous étions choyés. La patronne, verre en main, proférait en tanguant des discours pâteux. Elle ne dissimulait pas son penchant pour le gin. Une bonne, rouquine dont la chevelure flamboyait comme un petit soleil, me trouvait à son goût. Elle roulait des yeux coquins en me parlant par allusions du *French Kiss*. J'ignorais ce que cela signifiait mais je présumais que ce devait être une de nos spécialités osées, car pour ce qui est du fleuretage les Anglaises ne me semblaient pas avoir besoin de leçons. La nuit, dans certaines rues, il fallait voir les ribambelles de couples arc-boutés, s'étreignant fiévreusement contre les murs de brique des maisons. Parfois même, au passage, derrière une nuque d'homme, fort occupé, la fille nous lançait un œil complice. Le samedi soir, militaires et marins titubaient, lestés de bière. Aux abords de ce camp, des femmes-soldats, ivres-mortes, dormaient sur l'asphalte. Le plus surprenant, c'était le bal gigantesque où par centaines, peut-être milliers, gambillaient des danseurs. Nous étions loin des mess d'officiers snobs, héritiers de cette Angleterre victorienne encore maîtresse d'une partie du monde. A la sortie du bal, on glissait entre un énorme videur et un nain. Vraiment, Manchester était le lieu rêvé pour suivre une cure de mélancolie. Le ciel était un linceul. Entre deux accalmies, parfois du crachin, parfois du brouillard embuaient toutes choses d'un flou semblable à celui qui encombrait l'intérieur de ma tête. Un été hivernal en somme. Loris et moi traînions, engoncés dans nos imperméables d'officiers achetés le lendemain de notre arrivée, à la réception de la carte de points textile. Pas question de marché noir apparemment. Nos tentatives de transactions louches firent long feu. Le civisme conservait-il droit de cité ? Insister n'était pas de bon ton, on nous le fit sentir. Peut-être nous trouvait-on des gueules de traîtres ?

Les semaines passaient dans ce désert. Désireux de changer d'ambiance nous décidâmes d'abandonner la pension de famille et de loger à l'aérodrome dans les baraquements pour économiser nos pennies.

Au cours du mois de juillet, la pluie tomba presque sans arrêt. On eût dit que les nuages s'en venaient de partout se soulager sur Manchester avant de courir le monde. Totalement incorporés à la vie militaire, à pied d'œuvre sur le terrain d'aviation, nous suivions le déroulement de cette illusoire épopée cinématographique. Nous nous présentâmes chaque matin devant le régisseur qui, après avoir scruté les quatre coins de l'horizon – fontaine intarissable –, repartait vers son hôtel douillet. Il n'avait rien à dire, le ciel parlait pour lui.

Par bonheur restait le cinéma. Quatre ans d'abstinence de films américains à compenser. Orgie d'opium hollywoodien. C'est à Manchester que je ressentis une de ces envolées d'âme qui reste des décennies gravée dans la mémoire. Scène bouleversante, bouffée d'infini offerte par une actrice, Lauren Bacall. Inoubliable instant. A la dernière image du film, *To Have and Have Not* d'après Hemingway, juste avant le mot FIN, elle s'en allait, suivie de son destin, un amant, nous adressant des adieux plein les hanches.

*
* *

Peu à peu, nous vîmes disparaître les techniciens de la production. Les acteurs connus se débandèrent eux aussi. Les histrions suivirent. Ne restèrent plus que quelques épaves orgueilleuses à attendre l'arrivée du soleil. Quelquefois nous étions invités par des équipages anglais en Dakota ou en Sterling à des vols d'entraînement. J'eus même la joie de participer à des atterrissages en planeur de combat. Ces malheureux engins, construits en contreplaqué, tremblaient autant que moi. Enfiévré par le courage de tous, j'intriguai pour sauter. Grâce au ciel on me le refusa. Les parachutes étaient rares. J'accompagnais souvent les parachutistes lors de leurs séances. Après leur déboulé dans le vide, impressionnant était de se retrouver seul dans la carlingue, près de l'ouverture béante, attirante comme un aimant. Un jour, une flamme jaillit de l'arrière, du poste mitrailleur. Comme tous s'apprêtaient à abandonner l'avion, je bondis vers Drablier, le garçon dont le dos de colosse nous avait tant impressionnés à l'arrivée.

Défaisant mes courroies, il me ligota contre lui. Heureusement cette gerbe d'étincelles n'était qu'un court-circuit sans importance. De toute façon, j'aurais sauté, même avec un parapluie ouvert. Ce fut ma dernière tentative d'héroïsme.

*_**

A Londres, je rencontrai Brunius, un ami de Prévert et de Duhamel. Metteur en scène, il m'avait employé avant la guerre. Il travaillait à cette radio qu'on écoutait, collés à l'appareil, comme une voix en liberté traversant les murs de la prison France. Il avait eu vent de mon Prix de la Pléiade. J'en étais auréolé d'un prestige qui me semblait injustifié. Le film était fini. Nous rentrions. Avant que je ne prenne le large en bateau, Brunius me chargea d'aller interwiever des passants au sujet de la bombe atomique, qui avait produit sur moi – et d'autres – une épouvantable impression. Fin de conflit horrible. Armé d'un appareil enregistreur et désarroi en bandoulière, je partis en campagne soutirer quelques confidences aux indigènes. La plupart des gens me contournaient vivement, croyant que je quêtais pour une œuvre de charité. Je me sentais sinistre. Je n'avais pas le cœur à cette mission. Ce carnage champignonnesque m'avait enlevé tout espoir en l'avenir. Je n'en démordais pas : le monde était coupé pour longtemps en deux, avant et après Hitler. Je rapportai l'enregistrement à Brunius. Je ne sais pourquoi, ce jour-là j'avais oublié mon argent. J'osai lui emprunter une livre sterling qu'il me tendit de mauvaise grâce, probablement déçu par mon incapacité de reporter. Je le quittai avec promesse de lui rendre cette somme. Ce fut quelques années plus tard l'ange Duhamel, à qui il se plaignait de mon indélicatesse, qui la lui remboursa. Tandis que le navire quittait le port me revenaient des images... Durant cinq ans, au long des jours et des nuits, enfermés dans leur île, les Anglais avaient dansé la gigue sous les bombes ; pendant les séances de cinéma on passait sur l'écran une feuille de gélatine rouge en cas d'alerte, et ceux qui désiraient rejoindre les abris quittaient la salle sans déranger les spectateurs... J'avais aimé les soldats, les marins en permission embrassant les filles en uniforme... le dancing, caverne gardée par le géant flanqué de son nain... Et les « *sorry* » lancés à tout bout de champ... De Manchester, je ramenais une cargaison de souvenirs. Sa désespérance convenait à mon esprit embrumé. Je savais, sans en comprendre les raisons, combien était important pour moi d'avoir goûté à l'enchantement de cette ville, la plus laide du monde, où se donnaient rendez-vous tous les nuages d'Angleterre.

De l'autre côté de la Manche, une foule attendait sur le quai. Le débarquement eut lieu dans une pagaille qui contrastait étonnamment avec le départ de Londres.

Les Anglais, bousculés au passage de la douane, contemplaient cet embrouillamini avec effarement. Il y eut même des protestations indignées contre ce manque de tenue. Moi, je humais ce délicieux parfum de bordel. Enfin ! On était en France !

*
**

En réintégrant le Café de Flore, je fus surpris par l'exiguïté de la salle. Dans mon souvenir, elle était vaste, prolongée à l'infini par les miroirs encastrés dans les murs. J'eus l'impression que le quartier aussi avait changé durant mon absence, Saint-Germain-des-Prés, rajeuni et moi, un peu vieilli.

Je ne sais si les voyages transforment la vision qu'on a des choses et font paraître différents les endroits où l'on vit. J'avais connu d'autres lieux, d'autres gens, traîné mon ombre dans ce grouillement d'anonymes au langage incompréhensible, assisté en muet à la fin de la guerre mondiale.

Rivé à ma moleskine, je fus déçu par ces retrouvailles. Tout avait évolué en quelques mois. La torpeur provinciale de ce café avait laissé place à une activité inhabituelle. J'avais perdu mes marques. Pour la première fois, je m'y sentais étranger. Même sur le visage de Boubal, je ne lisais plus ce désarroi boudeur qui, durant les années de guerre, me touchait et me le rendait familier. Il arborait un air nouveau, un air triomphant de commerçant qui flaire la réussite. Au fil des jours mon impression ne fit que se confirmer. De tous les coins du globe des troupeaux de touristes gloutons accouraient pour s'abreuver d'apéritifs existentialistes dans ce havre que le renom de la Sainte Trinité sartrienne transformait en antre de la nouvelle pensée. Ce n'était plus un café privé, fréquenté par des gens du même bord qui ne se connaissaient pas – en quelque sorte un club policé par l'indifférence – mais un endroit où se créait la mode et dont les journalistes tiraient des papiers fleurant bon les ragots et papotages dans la légèreté d'une paix revenue.

Que de monde ! Une nouvelle vague de jeunesse, des troupeaux d'émouvantes au corps printanier prenaient d'assaut les quadragénaires amortis. D'anciennes têtes émergeaient, de retour des Amériques, de Suisse, du Portugal, d'Argentine, de partout. Ainsi je tombai nez à nez avec un scénariste que j'aimais bien, respirant par tous les pores son appartenance à la race des faisans. En uniforme militaire, magnifique, il évoluait comme si la guerre n'avait jamais eu lieu. Il me tomba dans les bras à la terrasse du Flore. En cette fin de saison, le ciel, une mer bleue suspendue, déversait des brocs de rayons sur une foule béate et voyeuse.

Georges, donnons-lui ce prénom, après m'avoir embrassé chaleureusement, se pencha soudain, main tendue, vers un homme assis seul à un guéridon. Je reconnus le peintre Fernand Léger. Ce dernier le toisa sans répondre à son geste. « On s'est rencontrés à Mexico », lui dit Georges. Léger détourna la tête, dédaigneux, avec une lenteur allurale. J'avais rarement vu si superbe fin de non-recevoir. Georges, blême de honte, m'entraîna en fulminant. Je n'ai jamais su exactement ce qu'il avait commis à Mexico pour encourir un tel mépris. J'ai appris plus tard qu'il dirigeait la mise en scène d'un film, toujours armé d'un revolver, et, en proie à un léger délire de persécution, terrorisait le petit personnel.

Je retrouvai aussi un ami de Rougeul, surnommé le savant, qui nous avait prédit à Marseille, en 1940, après Dunkerque la défaite allemande. Toujours calme, ailleurs, il rentrait d'Amérique avec sa compagne transformée en Yankee. Le premier déporté que je vis revenir fut Seldow, le magicien, à peine amaigri. Parlant allemand, il avait réussi à se planquer.

Les portes de l'horreur s'ouvrirent. Le cinématographe nous montrait des collines de cadavres, des centaines de milliers, dont il ne restait que la peau et les os. Des survivants aux visages d'outre-tombe, yeux creux, immenses, semblant contempler on ne sait quel vide sidéral. Je songeais à Desnos, dont j'avais vu la photographie prise avant sa mort, à Terezin... Mops, une amie du quartier, réapparut. Elle reprit ses habitudes. Je fus frappé par son mutisme. Elle ne parla presque pas de sa déportation. Le seule confidence que j'eus d'elle – comment interroger ces rescapés lorsqu'on a vécu toute la guerre sans grands ennuis ? – fut celle du matin où, dans le camp, elle s'aperçut qu'elle avait fait ses besoins sous elle, comme un nourrisson. Mais cette hécatombe réalisée avec une froideur administrative était déjà du passé. Il fallait oublier l'enfer et revenir sur terre.

Une rage de vivre empoignait les survivants. Assis en compagnie de mes trois mousquetaires, je contemplais l'évolution de cette société, démoralisante pour nous, les adeptes de la moleskine. Une jeunesse avide s'emparait du quartier dès la tombée de la nuit et allait danser dans les caves qui d'abris contre les bombardements se convertissaient en dancings. Une frénésie de réussite survoltait la société. Même dans le groupe Octobre on se lançait dans la limonade. Leduc ouvrit un restaurant rue de l'Échaudé. Ce fut à mes yeux le premier signe des temps nouveaux. Un peu partout cabarets et guinguettes fleurissaient. La presse s'en mêlait, prenait un ton plus scandaleux. Dans un amalgame rusé, elle employait le mot existentialisme à toutes les sauces. Le petit commerce redémarrait sur une grande échelle. A la mode comme à la mode. Mais comment s'y intégrer ? N'est pas putain qui veut...

Nous logions au-dessus d'une houle de toits. Un marchand de tapis nous avait accordé l'hospitalité. En plus d'une chambrette et d'une petite cuisine, je disposais d'une pièce dont je fis un atelier ; peu de temps auparavant, je m'étais pris d'une nouvelle passion : dessiner et peindre. Un ami, le Dr Willemin, nous avait proposé de passer quelques jours de vacances à la campagne en compagnie d'Audiberti. Méridional dont la voix dotée d'une pointe d'accent ensoleillé contrastait avec la physionomie tragique. Un jour, au détour d'une conversation, il fut question de beaux-arts. Nous décidâmes que chacun de nous produirait, soit un croquis, soit une toile, et que, réunis en jury, nous récompenserions l'œuvre la plus réussie. J'achetai des tubes de couleur, à l'huile. Le lendemain matin, imitant mes compagnons, je partis travailler sur le motif. Ce fut une découverte aussi troublante que celle que me procurait la lecture des livres. L'apparition, sur la blancheur de la toile, d'un mur, d'un arbre surmontés d'un ciel bleu me rappelait une sensation lointaine. Tout petit, je dessinais sur une feuille toujours le même thème :

une île, un palmier avec, en équilibre, un singe suspendu par le bras à une haute branche et une plage s'enfonçant entre mer et ciel, telle une langue blonde. Je me fondais à l'intérieur du dessin comme dans un rêve, hors du temps, hors de tout.

*
* *

A notre étage, Java, jeune homme au visage fatal, vivait en compagnie d'une bonne qui s'occupait du ménage de l'appartement de notre amphitryon. Jean Genet, ami de Java, lui rendait visite fréquemment. Nos trois chambres étaient en enfilade et donnaient sur un espace qui nous servait de place publique. C'était là que nous nous rencontrions. D'un côté, une porte de service, de l'autre un long couloir qui menait à l'appartement, superbe. Ses larges baies surplombant la Seine le transformaient en poste de pilotage. Nous, les pauvres, étions parfois invités par notre hôte, tout dépaysés de passer de l'atmosphère sombre des chambres de bonne à cette caverne lumineuse où un énorme chien-loup du nom de Moubra me glaçait de peur. Lorsque par aventure je mettais les pieds chez les riches, je m'évertuais bassement à courtiser ce monstre jusqu'à ce que sa queue me balance des sourires. Cette peur était en moi depuis l'enfance. Un matin, alors que je courais rue Simon Bolivar, un chien avait manqué me mordre. Plus tard un autre chien-loup, celui de Wols le peintre photographe, voulut aussi me dévorer. Bref, j'avais pour cette race la méfiance d'un chat.

Un jour, Giacometti, un sculpteur qui venait chez les mécènes, eut la bonté de jeter un coup d'œil sur mes dessins. A ma grande surprise, il leur trouva quelque intérêt. Je fus un peu sceptique quoique flatté. Son appréciation me toucha d'autant plus qu'il y mettait une sincérité évidente. Je le rencontrais souvent au Flore durant la guerre. Sorokine m'en avait dit du bien, mais je ne connaissais pas ses sculptures à l'époque. Des années après, je mesurai l'apport de son jugement, en tirai réconfort et un peu de vanité.

Les jours se traînaient. Mes rapports avec le clan Sartre se résumaient à de brefs saluts et quelques banalités. En les perdant, j'avais beaucoup perdu.

J'essayais vaguement de peindre, vaguement d'écrire, vaguement de jouer. Ma tête était mal acceptée dans le monde cinématographique. On m'avait conseillé de me faire dégrossir le nez, pis encore de le retailler. Idée farfelue qui m'emplit d'horreur. Cet appendice fut longtemps mon talon d'Achille. Je me rendais chaque jour au Flore un peu comme un chômeur qui vient pointer. Je rencontrais des personnages avec qui je camaradais. Ils venaient, passaient, disparaissaient. Ainsi le baron Mollet, personnage légendaire, surgi de nulle part, que l'on disait avoir été ami de Max Jacob et secrétaire d'Apollinaire. Vieillard propret, minuscule et rondouillard, polichinelle au sourire édenté, il aimait la bonne chère, pique-assiettait, par-ci, par-là, avec doigté, gentillesse, et, selon les circonstances, le mot pour rire ou pour pleurer. Il paraissait si ravi de vous voir qu'il vous rendait heureux pour la journée. Il y avait aussi Julien Blanc, qui décrivait son passage à la légion chez les tristes joyeux. Et le peintre Gruber à la bonne tête flamande, qui trop buvait mais avait le vin gai. Je voyais souvent Jean Genet. Il me sidérait, cet étrange bonhomme auréolé d'un passé tumultueux, poète maudit devenu le chouchou du Tout-Paris et qui avait surgi comme un météore dans le monde des lettres. Pareil au Vautrin de Balzac, à la recherche de l'âme sœur, toujours accompagné de beaux garçons populaires à qui il apportait tendresse et soutien. Ce voleur célèbre, qui n'avait pas volé grand-chose à part des livres et que l'on avait arrêté pour des peccadilles dans des librairies, se livrait à son penchant chez les divers bourgeois qui l'accueillaient dans leurs demeures. A croire que la prison l'attirait et que c'est en cellule qu'il retrouvait la liberté et peut-être l'inspiration.

Il m'arrivait d'aller me promener avec lui. Il avait des lieux parisiens une vision spéciale. Ainsi, un jour, nous suivions l'envolée de la rue de Rivoli, après le passage du Louvre, quand, devant les statues des grands hommes de l'Empire, enfournées dans des niches rondes, creusées dans la muraille tout au long du palais, il poussa des exclamations admiratives, sans que j'en saisisse la raison. Il pointa alors un doigt fasciné vers le motif de cette effusion ; je compris son enthousiasme bien que ne le partageant pas. Il s'agissait de la statue d'un général de l'époque napoléonienne dont je ne me rappelle plus le nom et dont le pantalon moulait les cuisses. La vue d'un endroit précis soulevait en Genet le délire. Il me décrivit de façon lyrique les perspectives qu'éveillait en son esprit le gonflement des énormes parties de ce monsieur, lequel portait à gauche, comme l'on dit chez les tailleurs. Une autre fois, au coin du boulevard de Strasbourg et des Grands Boulevards, nous venions de nous séparer et partions chacun de son côté lorsque, ayant fait quelques pas, je jetai un coup d'œil derrière moi. Je fus surpris de voir Jean Genet, immobile, sa silhouette ressortant sur l'asphalte, contourné par des passants, le tout formant comme un tableau où le peintre aurait fixé un ralenti vaporeux de mouvements. Moitié souriant, moitié grave, il me lança sans gêne aucune : « Alors, môme, on fait l'amour ? » Je lui rigolai gentiment au nez, un peu offusqué par cette frivole proposition, et essayai de cacher sous un air désinvolte le désarroi dans lequel elle me plongeait. Si, à la rigueur, j'avais ressenti quelque penchant secret pour un monsieur, je doute fort qu'il se fût fixé sur cet homme au visage de bagnard, même génial, si étrange, à la diction précieuse, hachée, aux inflexions de tante et au comportement de mâle, tête de boxeur et démarche ondulante de folle.

Cette rencontre avec les souvenirs me fait revenir au temps où mon émouvante et moi logions chez les Barbezat, dans leur maison située au cœur de l'usine pharmaceutique, à Décines. Il s'y trouvait souvent, outre Jean Genet, Olivier Larronde et son ami le beau Lacloche. Âgé de quinze ou seize ans, Olivier, blond, plutôt joli, plutôt grand, souriant, était éblouissant. Une conversation continuellement créatrice. Genet l'admirait, je crois assez sincèrement. C'était un des rares artistes dont il parlait avec respect. Le chatoiement des mots, la sophistication, la maîtrise mallarméenne du style d'Olivier le séduisaient. Quant à moi, j'avais des rapports avec le jeune poète infiniment plus terre à terre. Étant un primitif, comme l'avait dit un jour Henri Pichette sans préciser s'il s'agissait d'un compliment ou d'une rosserie enveloppée d'artifice, je me contentais d'écouter sans même enregistrer son splendide verbe et ses idées qui volaient très au-dessus de moi. Entre ces deux phénomènes, Genet et Larronde, il y avait assaut d'intelligence, et cette faculté n'étant pas mon fort, je me mettais en retrait.

Larronde, qui était la délicatesse même, était très fier de sa robustesse ; il me pria un jour de l'étrangler afin de me rendre compte de l'armure de muscles qui protégeait son cou. Tout d'abord je refusai, mais il insista tellement que je finis par lui obéir. Je commençai donc ma strangulation à la hauteur de la carotide. Au bout de quelques secondes, je constatai que son cou était comme du fer : un boa. Je m'en retournai les pouces et émis sai un cri de douleur qui déclencha chez Larronde une crise d'hilarité. Il ne cacha pas sa fierté d'être invulnérable. Quant à Genet, il me stupéfiait par ses connaissances diverses. Le soir, à Décines, avec Barbezat et Olga, l'un d'entre nous prenait dans la bibliothèque un livre au hasard et en lisait quelques lignes. Le jeu consistait à identifier l'auteur. Jean Genet se montrait imbattable. Il possédait une culture livresque inattendue, à croire qu'il avait passé sa jeunesse délinquante dans une bibliothèque. Il arrivait même, par intuition, à découvrir le nom d'écrivains dont il n'avait jamais lu une ligne. Il révélait aussi des connaissances sur les sujets les plus divers. Ainsi, je me souviens, le mécène marchand de tapis avait été étonné de l'entendre parler de cet art en professionnel. Peut-être lui suffisait-il d'un grain de sable pour décrire le Sahara.

*
* *

Le hasard de mes pérégrinations me fit rencontrer Dalbret, nouvel empereur de la cinématographie française, qui me prit sous son aile. Je ne sais ce qu'il me trouva mais il m'entraîna dans son sillage, sa cour de régisseurs et d'hommes à tout faire. A la longue, je finis par me demander si je ne servais pas de chandelier à ses escapades. Ainsi, le premier jour, sous prétexte de me confier un scénario, il m'invita à lui rendre visite à son domicile. Quartier bourgeois, immeuble en pierre de taille, intérieur de mauvais goût, une femme défraîchie, le tout donnant une impression de débraillé. Les présentations faites, il m'enleva en coup de vent prétextant un rendez-vous urgent. Quand la porte fut refermée, il m'intima d'un signe mystérieux de me tenir sur mes gardes et, posant une oreille contre le battant, écouta ce qui se passait dans l'appartement. Sans doute rassuré, il descendit l'escalier sur la pointe des pieds. Arrivé à l'étage en dessous, il cogna à une porte. Celle-ci s'ouvrit. Il pénétra rapidement. Je le suivis. Une jeune femme l'attendait en peignoir, manifestement au mieux avec lui. Le temps de m'offrir un café, et elle disparut en compagnie de Dalbret. Leur absence dura un long moment. Il m'expliqua plus tard que, ne pouvant perdre trop d'heures à tromper sa femme tant ses affaires l'occupaient, il avait installé sa maîtresse dans son propre immeuble. Sous ses dehors farfelus, c'était un pragmatique. Ce procédé lui permettait d'économiser un temps considérable. Il tournait toujours deux films simultanément. L'un le jour, l'autre la nuit. Les studios loués pour vingt-quatre heures lui donnaient ce droit. Après le tournage du premier film, une équipe transformait les décors, parfois même les adaptait lorsque le scénario s'y prêtait. La seconde production stoppait à l'aube. Une innovation.

Ceux qui avaient cru en la victoire de l'Allemagne méditaient dans les prisons sous la férule des gardiens, les mêmes qui pendant l'Occupation œuvraient contre les Résistants. Les cheveux des collaboratrices horizontales repoussaient. Le « Français, vous avez trop joui » du maréchal Pétain, récupéré par de nouveaux moralistes, fut à nouveau retourné contre les mauvais Français. Quelques indignes furent mis à l'index : ceux qui avaient pris du bon temps au théâtre, au music-hall, au cinématographe, ceux qui avaient chanté, construit le mur de l'Atlantique, extrait du charbon, bref ! accepté de plier sous le joug hitlérien au lieu de prendre le maquis, à Londres, New York, Hollywood. Certains, même, avaient continué à faire l'amour. Une comédienne célèbre arrêtée et emprisonnée pour crime de légèreté antipatriotique — elle avait eu une liaison avec un officier allemand — lança à ses juges : « Pourquoi les avez-vous laissé entrer ? » et avec superbe elle ajouta : « Je suis née à Courbevoie, je suis Française mais mon cul est international ! » La machine sociale repartait. On se répétait les mots de certaines personnalités hors du commun. Ainsi cet écrivain emprisonné pour défaitisme à la veille du conflit, libéré pendant la drôle de guerre, emprisonné à nouveau par les Allemands pour écrits subversifs, accusé de collaboration à la Libération, puis interdit de parution pour délit d'opinion. La boutade poignante de Tristan Bernard, après son arrestation par la Gestapo. « Jusque-là je vivais dans le désespoir, à présent je vis dans l'espoir. » Et cette réflexion de Sacha Guitry, incarcéré par les Français, apprenant l'arrivée en prison de sa première épouse avec qui il était en froid et qui s'écria : « Un malheur n'arrive jamais seul ! » Paris reprenait le collier des mondanités.

***

La nouvelle « Enrico », auréolée du Prix de la Pléiade, sortit aux Éditions Gallimard et souleva dans le monde occidental une incuriosité totale. Il s'en vendit quelques centaines d'exemplaires. Quelques critiques attristés ne cachèrent pas leur dégoût de cette enfance sordide qu'ils supposaient inventée de toutes pièces. Je reçus une lettre de François Mauriac. L'enveloppe et le billet étaient bleus. Une écriture nerveuse commençant par : « Je vous prie d'excuser au nom du *Figaro* l'article d'André Rousseau à propos de votre livre. Il a le droit de critiquer l'œuvre mais non d'insulter l'auteur... » Après un compliment, il terminait par : « Méfiez-vous des Américains... et autres... » Je montrai la lettre à Sartre qui manifestement était visé. Plus tard, j'appris qu'ils étaient ennemis. Je ne répondis point à M. Mauriac et me reproche encore cette impolitesse envers ce grand écrivain. Georges Simenon m'adressa un message des États-Unis. Le sujet l'avait intéressé et il me conseillait de lire *les Volets verts*. Collamarini déclara à sa femme que mon récit n'était ni fait ni à faire. Je fus d'accord. Moi, j'étais tout fier. Même les insultes qu'on m'avait assenées me donnaient à mes yeux une importance que je ne soupçonnais pas. Évidemment, je jetai toutes ces lettres. J'étais léger. A l'époque c'était pour moi un tel plaisir de recevoir des critiques, même mauvaises, que j'en jubilais tout seul, émerveillé. Mais ce qui mit le comble à ma joie, ce fut de lire, à propos de ce chef-d'œuvre sous la plume de Henri-François Rey, dans je ne sais plus quel journal, ce titre : « Naissance d'un grand écrivain ». J'en ris encore. Le second ouvrage déplut avec raison. J.-B. Pontalis, dans la revue de Sartre *les Temps modernes,* me conseilla de réintégrer l'ombre de laquelle je n'aurais jamais dû sortir. Je suivis son conseil et, tel un termite, me cachai loin des soleils littéraires, conscient de ne pas avoir reçu la grâce d'écrire malgré mon amour des lettres. J'adoptai le statut de plumiteux du dimanche pour le restant de ma vie.

François avait un très beau torse. On disait que chaque fois que l'on sonnait à sa porte, il enlevait sa chemise et allait ouvrir au visiteur, pectoraux à l'air comme si on le surprenait en pleine intimité. Je l'admirais pour son corps athlétique qu'enfant j'avais contemplé à la piscine des Tourelles. Un Tarzan que j'imaginais volant d'arbre en arbre, de liane en liane dans une Afrique de films hollywoodiens. Au cours Dullin, il suivait divers enseignements. Au fil des ans mon admiration se transforma en désappointement car, plus je grandissais, plus il devenait petit. Sa taille se révélait être un handicap pour les rôles de jeune premier. Ses échecs me touchaient d'autant que j'estimais l'homme pour sa droiture et sa gentillesse. Ainsi il répétait au théâtre de l'Atelier un rôle important. Brusquement M. Dullin le lui retira, et le pauvre tomba dans la figuration. Une autre de ses déconvenues m'émut. Il courtisait une comédienne admirablement faite mais au visage desservi par un nez vigoureux qui lui donnait un air viril. Sur le point de succomber, Bianca — appelons-la ainsi — apprit de la bouche même de François, qui eût mieux fait de se taire, qu'à la suite d'un problème glandulaire on lui avait supprimé la moitié de ses parties nobles. Bianca stoppa net l'amourette, sans donner à François d'explications. Elle révéla à Mona Doll, sous le sceau du secret, la raison de sa décision : « Jamais, lui confia-t-elle, je ne pourrais faire l'amour avec un homme qui n'a qu'une couille. » Évidemment, tout le monde en fit des gorges chaudes, et il traîna ce ridicule dont les dames coiffent les infirmes du sexe.

Je le retrouvais donc en cette première année de paix. Devenu directeur de compagnie d'art dramatique, il m'engagea dans une tournée de théâtre aux armées. Gare de l'Est, je pris le chemin de fer pour l'Allemagne, acceptant, après quelques années de retard, la charmante invitation du chancelier Hitler de venir visiter son pays. Tandis que le train roulait, je songeais à ces millions d'êtres qui, entassés dans des wagons à bestiaux, avaient été expédiés vers les camps de concentration. Durant un millième de seconde je chutais dans la terreur comme dans un gouffre infini. A un demi-siècle de distance, je meurs de peur en y pensant. Je suis en état d'épouvante, plaqué contre un mur de haine.

Des kilomètres de beauté grandiose défilèrent au long du Rhin... Châteaux ! sentinelles de pierre dressées sur les collines, se mirant dans le fleuve. On nous signala le rocher d'où la Lorelei se jeta. Taches fauves, biches et cerfs en mouvance dans la Forêt-Noire. A la fois heureux et anxieux, je contemplai ce mystérieux pays, cette Allemagne si romantique, sans rapport avec l'hécatombe qu'elle avait provoquée ; par cet hiver mémorable, l'entrée sur le sol allemand occupé me ramena quelques années en arrière avec une différence de taille : l'apparition d'une grande ville sous la neige dont ne restaient plus que des pans de murs déchiquetés, immenses champs de ruines, vestiges comme des mâchoires livides parsemées de chicots, débris de toutes sortes. Et, spectacle stupéfiant, par ce froid, dans cet enfer blanc, des colonnes de fourmis pataugeaient dans la gadoue et la désolation pour déblayer les immeubles éventrés. « Quel drôle de peuple ! » pensai-je ahuri, contemplant ces étranges vaincus qui rangeaient sur les trottoirs en tas distincts briques, poutres, moellons. Un tel sens du devoir et de la discipline était saisissant.

Le premier soir, reçus par les officiers, nous fûmes proprement saoulés, à force de toasts. C'était la coutume, paraît-il. Lorsque nous quittâmes le mess, l'air glacé nous fit prendre conscience de notre état. Nous logions à quelques centaines de mètres, dans une des rares bâtisses encore debout, transformée en auberge. Quelques-uns de la troupe — dont moi — étions plongés dans une telle ivresse que, comme des chiens, nous nous mîmes à quatre pattes en riant. Nous dépassâmes une file d'Allemands qui, dans la nuit à la queue leu leu, attendaient devant une cantine ambulante une distribution de soupe. J'eus honte et me redressai. Clopin-clopant, je continuai mon chemin sous les yeux sévères des vaincus.

Nous sillonnâmes quelque temps la zone d'occupation française. Qu'il est bizarre de devenir à son tour un envahisseur. Je ressentais plutôt de la gêne à me baguenauder parmi les habitants des jolis bourgades et villages non touchés par les bombardements. On nous transbahutait en camions. Accueillis par les commandants de camp nous étions abreuvés de vin du Rhin. On buvait sec. Le plus étonnant, c'était la disparition totale du phénomène Hitler comme si en se suicidant après ses noces funèbres, le joueur de flûte avait emporté jusqu'aux traces de sa présence dans la mort. Plus personne ne prononçait son nom, à croire que sous son emprise le monde avait vécu dans une ambiance somnambulique et tout oublié en se réveillant. A les voir si sérieux, si acharnés à relever les ruines je me posais tout de même des questions. Quel charme les avait envoûtés ? Par quelle fibre secrète Hitler les avait-il entraînés ? Napoléon devait posséder lui aussi ce pouvoir. Sinon comment expliquer pareille java terroriste entre un dictateur et son peuple. De toute façon, même vaincus, ils m'intriguaient ces Teutons...

... La dernière nuit, une armada de bombardiers détruit la ville complètement. L'hôtel déjà en piteux état s'écroule sur nous. Par quel miracle ne suis-je pas enseveli sous les moellons qui tombent de partout ! Entouré de ténèbres, je cherche frénétiquement une issue. Soudain, merveille ! j'aperçois dans la nuit le rond lumineux d'un tunnel qui donne sur le ciel. Je cours. Je ne suis plus que deux yeux exorbités. Enfin j'atteins la liberté. Je m'envole. Le ciel piqueté d'étoiles, je l'enfonce d'un coup de tête...

En un instant je fus ramené au loin comme si je retrouvais un souvenir. J'entendis quelqu'un gémir, plainte parfois entrecoupée de cris. J'émergeai peu à peu du sommeil et lentement, me substituant à l'être qui se plaignait, je m'aperçus que c'était moi. Je ne comprenais pas pourquoi ce cauchemar se transformait en réalité. Je voulus me dresser, mais une douleur irradia dans mon corps. « Que se passe-t-il ? » demandai-je. « Ce n'est rien, tu rêves », dit une voix. C'était ma compagne. « Dors. » Je mis longtemps avant de sombrer à nouveau. Au matin je constatai que mon épaule gauche était inutilisable. L'émouvante me conta qu'au cours de la nuit je m'étais dressé, j'avais poussé un hurlement puis plongé de toute ma hauteur hors du lit, percuté le sol, bondi à la fenêtre et ouvert les battants. Elle m'avait rattrapé au moment où je me jetais dans le vide. Une fois ramené dans le lit, je lui souhaitai, paraît-il, une bonne nuit, puis plongeai à nouveau, mais dans le sommeil. A mon réveil, je ne me rappelais rien. Un médecin militaire m'examina. Un os était fracturé, un autre écrasé à son extrémité. Il me mit une attelle. Ma première blessure de guerre. A mon arrivée en France, j'avais l'air d'un ancien combattant.

*
* *

Les jours défilaient et moi, toujours, au Flore je retrouvais mes mousquetaires. Désemparé, je flottais, incapable de faire le point. Cette joie de vivre qui avait pris comme lieu symbolique le quartier de Saint-Germain-des-Prés me semblait de plus en plus étrangère. Je ne trouvais pas le ton pour jouir des bienfaits de la paix. J'avais du mal à digérer tant de morts et de peurs. Je me sentais rejeté. Je cherchais vainement à supporter mon caractère. Je vivais derrière une ligne de miroirs sans tain. Ayant depuis toujours fréquenté des gens plus âgés, peut-être m'étais-je accordé à leur diapason ? Je n'étais pas le seul à remâcher mon désarroi face à la furie de cette foule avide d'attaquer la paix et qui, à la nuit tombée, se répandait par les rues et annexait jusqu'au Flore. Même des gens actifs et arrivés comme Henri Filipacchi le sarcastique présentaient des symptômes identiques de rejet face à cette marée. Par exemple, à la façon dont il évoquait le destin de son fils, jusque-là apathique, on le sentait dépassé. Il venait justement de découvrir en son rejeton un sens des affaires stupéfiant. Des ailes de géant. Il en parlait avec un effarement non feint. Accablement, fierté paternelle cachée derrière son masque sombre ? Allez savoir. Moi qui étais jeune, ces jeunes loups je les considérais comme des ennemis. Ce passé qu'ils piétinaient me prenait à la gorge. Il revenait par bribes. Tout un cortège de personnages crépusculaires échappés de lieux de retraites et d'hospices hantaient les promenades et je rencontrais mêlés aux ombres plus de morts que de vivants à Saint-Germain-des-Prés. Sur le boulevard, Antonin Artaud glapissait non loin de la Rhumerie martiniquaise en martelant l'asphalte de sa canne magique. Le beau visage tragique de sa jeunesse, ses traits fascinants, nez, yeux, bouche, s'étaient tordus dans la chair convulsée. André Breton revenu de New York promenait sa superbe tête un peu vieillie, un peu vaincue, un peu ailleurs, distancié par tant d'années d'exil. Je croisais tel ami de mon enfance, tel autre à qui je ne pouvais donner un nom, tant de revenants que j'avais connus jeunes, si séduisants, si vivants et dont je gardais une image fixe, n'imaginant pas qu'ils deviendraient des vieillards — race étrange, caricature de la jeunesse — errant comme de grands malades dans les couloirs d'un hôpital sans autre porte de sortie que celle qui mène au cimetière.

Que j'étais loin de ces frénétiques nouvelles vagues qui sevrées par six années d'abstinence nous culbutaient, nombrilistes montant à l'assaut de la gloire. Moi je n'aspirais qu'à flotter entre passé et avenir sur l'étang de l'instant présent, et à en goûter les nuances à l'aide des divers organes sensoriels dont nous a dotés le Créateur.

***

Accédant au désir de Lola et d'Olga Barbezat, j'écrivis une pièce intitulée *la Cellule*. Elle sombra, c'était normal, vu sa médiocrité, dès la première réplique. Elle eut pourtant deux spectateurs attentifs : Jean Cocteau et Jean Genet, qui se glissèrent, me dit-on à l'époque, dans la salle, au cours d'une répétition l'après-midi. Cachés dans l'ombre du théâtre vide, sans doute venaient-ils vérifier si je n'empiétais pas sur leur chasse gardée qu'était l'univers carcéral. J'en fus flatté et eux rassurés car, au bout de quelques instants, ils filèrent aussi discrètement qu'ils étaient entrés. J'éprouvais du regret de les avoir fait se déranger pour si peu.

Un jour de disette, j'essayai de vendre une toile à un marchand de tableaux du boulevard Saint-Germain. Il effleura mon œuvre du regard comme si c'eût été un insecte répugnant ; j'éprouvai la honte que doit ressentir, du moins je le présume, l'homme au bout du rouleau qui s'essaie à la mendicité. Depuis, mes coloriages, je les cache.

Protégé par Raymond Queneau, je fus publié à nouveau par Gallimard. Mon récit fut accueilli à coups de trique. Prémonitoirement je l'avais intitulé *les Larmes*. Il n'y eut qu'une fausse note dans ce concert, l'éloge dithyrambique d'un journaliste anonyme dans un journal auvergnat qui fit rapidement faillite.

Mais il me restait Paris, dont j'étais toujours amoureux et ses quartiers si beaux autour de Notre-Dame. Je ne m'en rassasiais pas. Dès la tombée de la nuit à Saint-Germain-des-Prés une foule ébahie gravitait autour de la place comme les phalènes éblouies par les lampadaires phosphorescents des hauts de Cagnes. Le clan Sartre était sous les feux de la rampe. Les écrivains épuraient. Les juges jugeaient. Jacques Prévert atteignait la notoriété populaire avec *Paroles* et des tirages fabuleux, oubliés de mémoire de libraire depuis Victor Hugo. Par fidélité à ce passé qui était toute ma jeunesse, je venais quotidiennement m'affaler au Café de Flore, cœur de cette étoile qui brillait sur Paris. Je me vautrais jour et nuit dans une fièvre mélancolique, promenant mon désenchantement. Comme les gens s'adaptaient vite aux changements! La dernière hécatombe avait pris de telles proportions que les survivants fuyaient le passé. Même les déportés scellaient leurs souffrances au secret de leur mémoire. On était loin des monuments, des amicales, des banquets où se réunissaient les rescapés de 14-18. Sur quelques dalles de marbre par-ci, par-là, quelques noms anonymes rappelaient aux passants les combats citadins de la Libération. Quant aux cent mille petits soldats tombés en 40, piétinés par les féroces touristes partant en vacances, il ne restait plus d'eux que le sourire des coquelicots. Moi je ne m'habituais pas à l'idée de leur mort, et de la mienne plus particulièrement. J'ai toujours un peu trop tiré le suaire à moi.

* *
* *

Durant cette période qui fleurait bon l'entre-deux-guerres — car déjà planaient au-dessus de nos têtes des oiseaux couleur de faire-part — je poursuivais ma prestigieuse carrière cinématographique en interprétant deux ou trois assassins, un demeuré, quelques voyous. Dans un film tiré d'un conte de Maupassant, devenu franc-tireur promis à la fusillade par les uhlans, je disais une phrase en tout et pour tout, le dos tourné à l'objectif. Jean Rougeul, bon camarade, salua dans une chronique ma furtive création, louant ma présence qui, précisait-il brûlait l'écran. Jugement léger que les producteurs prirent sans doute au sérieux car ils cessèrent de m'employer.

Que je vivais heureux dans les bras de la Seine et de mon émouvante. Au-dessus de l'île de la Cité s'extasiaient des milliards d'étoiles. Quant à la mienne, c'est à croire qu'elle était morte. Sans but, je vivotais, peignotais, écrivaillais. Vêtu comme un épouvantail, chaussé de gros croquenots de prêtre pour des raisons obscures et inavouables, je m'engluais dans le mou des habitudes. Ma vie ressemblait à un tunnel sans fin. Je cheminais à l'aveuglette.

*
* *

Qui eut l'idée de me confier le rôle de Woyzeck, héros du drame de Büchner ? Peut-être Roger Blin ? Peut-être le diable ? Bref la directrice d'un théâtre me proposa de jouer ce lever de rideau. Passons sur les répétitions émaillées d'incidents de toutes sortes et arrivons au soir de la première. J'aperçus le décorateur de la pièce au comptoir d'un bistrot des environs, éructant des menaces en dévorant un verre à pleines dents comme si c'eût été un sandwich. Mon apparition dans les coulisses souleva un murmure d'étonnement parmi la troupe. Ayant une chevelure brune de gitan et un faciès à l'avenant, j'avais jugé bon de me teindre en blond afin de mieux personnifier cet anti-héros allemand. La directrice du théâtre, ancienne élève de Charles Dullin, à la diction zozotante rappelant en pire l'élocution de Mlle Bérubet, jouait le rôle de mon épouse. Le spectacle devait démarrer à vingt et une heures précises ; la seconde partie était réservée à l'œuvre importante de la soirée : *la Sonate des Spectres,* de Strindberg, montée par

Roger Blin dont c'était la première mise en scène officielle. Une fois maquillé et en uniforme, j'allai sur la scène jeter un coup d'œil sur le décor miraculeusement dressé dans le courant de l'après-midi. Ce lever de rideau comportait une quinzaine de tableaux et une sorte de drap de lit, que l'on ouvrait ou fermait, permettait à l'action de passer astucieusement d'un lieu à un autre. Me promenant dans la pénombre en répétant mon texte, je goûtais ce moment émouvant qui précède la représentation. Le murmure de la salle amorti par le lourd rideau de velours ; l'atmosphère paisible qui succède à la nervosité des répétitions.

Quelques détails pour parfaire le décor retardèrent le lever de rideau d'environ deux heures. Ensuite une altercation mit aux prises le décorateur et Vernès, notre metteur en scène : le premier nommé en état d'ébriété fut maîtrisé et emprisonné dans une loge. De la salle bondée s'élevait un brouhaha de fauves attendant le repas, caractéristique de ce public des premières qui tant impressionne les comédiens et le malheureux auteur.

La première scène se déroule dans une caserne. Allongé sur un bat-flanc, je devais m'en extirper et lancer une première tirade, mais n'ayant jamais répété en décors réels, je me dressai si nerveusement que mon crâne porta contre une poutre. Presque assommé je réussis malgré tout à me sortir du piège et jouai ma scène à quatre pattes, perdu dans le brouillard. On crut à une innovation et de vagues applaudissements saluèrent la fin du tableau. Ensuite changement de lieu. Malheureusement le drap de lit monté sur roulement à billes se coinça. Quelques timides sifflets indiquèrent que certains spectateurs commençaient à trouver le temps long. Il est vrai qu'on approchait de minuit à l'entrée du second tableau. Devant Roger Blin, médecin major, et O'Brady, infirmier, tous deux déguisés en militaires, je me tenais au garde-à-vous pour une consultation. Blin, intéressé par ma prostate, me disait : « Et vous pissez bien, soldat ? » Au lieu d'enchaîner, sur cette réplique, Blin, victime d'un trou de mémoire, répéta avec égarement : « Mais répondez, soldat Woyzeck, vous pissez bien ? » Je bredouillai quelques onomatopées tandis qu'il reprenait la même phrase en butant sur chaque syllabe. Une parenthèse est indispensable pour comprendre l'hilarité qui s'empara des spectateurs : Roger était bègue mais seulement dans la vie courante, jamais sur une scène. Ce soir-là, peut-être pour la première et dernière fois de sa carrière, il ne parvint pas à maîtriser son infirmité et, de plus en plus paniqué, s'agrippa à cette phrase en battant de la langue de façon convulsive. Un naufragé se noyant en plein océan. Je vis la bouche de Blin, prisonnier du trou, se tordre curieusement vers la coulisse et proférer « Rideau... rideau... » Sensible à son appel, celui-ci se referma. L'affaire démarrait mal. La suite du spectacle le confirma. Il régnait une atmosphère hystérique de rigolade, semblable à celle qu'on voit après certains enterrements, situation d'autant plus désagréable pour tous les histrions et moi en particulier qui portais le poids de cette tragédie sur les épaules. Le moindre incident déclenchait les fous rires du public malgré tout bon enfant, à croire qu'il trouvait du plaisir à notre humiliation. Ainsi le passage où Woyzeck invective des ennemis souterrains responsables des malheurs qui lui arrivent et frappe la terre du pied en clamant : « Les francs-maçons... les francs-maçons... les francs-maçons... » — secte dont à l'époque le primitif que j'étais ignorait totalement l'existence et la raison d'être — souleva des ricanements. N'ayant pas osé demander d'éclaircissements au metteur en scène, je m'étais creusé la tête pour donner un sens à l'irruption d'ouvriers en bâtiment dans ce drame. Malgré les avanies, nous poursuivions le spectacle piteusement, mais toujours aussi fiers... Au dernier tableau, pris d'une pulsion homicide, j'entraîne mon épouse dans la campagne, et, près d'un étang baigné du lait de la lune, je poignarde la malheureuse créature. Ce forfait accompli, je lâche le coutelas et, face à la nuit, profère : « ... morte... elle est morte... », dans un silence enfin revenu. L'immense éclat de rire qui s'empara des spectateurs me fit l'effet d'un souffle montant d'un gouffre. Affolé, je lançai un regard en hypocrite alentour et ce que j'aperçus me confirma qu'il est des moments dans l'existence où l'on ne peut rien contre l'adversité. Croyant n'être vue de personne, l'épouse que je venais d'assassiner rampait vers les coulisses. Pour couronner le tout, l'électricien, sans doute déphasé par cette série de catastrophes, éclaira brusquement le plateau pleins feux. Moi, n'ayant plus pour soutien que ma conscience professionnelle, je poursuivis la scène. « Le couteau... où est le couteau ?... » devais-je dire en feignant de chercher l'arme du crime qui se trouvait à mes pieds. Du paradis, lazzis et quolibets pleuvaient. Une voix de voyou me conseilla de porter des lunettes. Stoïque, je résistai jusqu'au bout. Enfin ce lever de rideau prit fin. Il était deux heures du matin. Épuisé, je regagnai la loge. En tremblotant, je rassemblai mes affaires. Vite, je me lançai dans l'escalier, prêt à la fuite. A mon grand étonnement, des spectateurs que je croisai paraissaient ne pas me tenir rigueur de ce désastre, au contraire. On les eût dit revitalisés par les rires. C'était si vrai que la plupart assistèrent à la représentation de *la Sonate des Spectres*. A la sortie des artistes, une vieille dame me héla affectueusement, une actrice de boulevard, grande amie de Sacha Guitry, Mme

Pauline Carton : « C'était merveilleux, me dit-elle. Je n'ai jamais autant ri de ma vie. » Puis en confidence, elle me souffla d'une voix honteuse : « J'en ai fait pipi dans ma culotte. A mon âge, vous vous rendez compte ! » Ce fut le coup de grâce.

*
* *

Un peu perdu, un peu acteur, vaguement chômeur, je voyais ma trentième année se profiler à l'horizon. La vie m'apparaissait couleur de chèque sans provision. Mireille Trepel, une proche du groupe Octobre, me demanda de chanter dans un cabaret qu'elle comptait ouvrir. Cette idée me révulsait car je gardais toujours le souvenir de mes peurs enfantines sur les scènes populaires. Elle m'avait parfois entendu susurrer avec Loris des chansons de Jacques Prévert, et ma voix, paraît-il, lui plaisait. Depuis des mois, sa proposition revenait comme une antienne. La nécessité me força à accepter. Je ne songeais pas un seul instant à une possibilité de succès. Afin de signifier mon manque d'enthousiasme, je posai une condition, celle de mettre en scène un spectacle au cours duquel je chanterais quelques chansons entre deux saynètes. Je retins un dialogue paru dans *les Temps modernes* sous le titre : *les*

Vieilles Douleurs. Il s'agissait d'une consultation au cabinet d'un médecin. Je demandai à Willemin d'écrire une petite pièce. Puis j'obtins un opéra-bouffe de Jacques Besse intitulé *Chicago Opéra*. J'appris quelques bluettes. Le premier soir tout se déroula de façon satisfaisante. Lorsque enfin ce fut à moi, j'avais peur, et tellement honte que je me sentais électrique. A mon entrée je levai le bras comme si je caressais la nuque d'une femme puis remontai la main sur une tête imaginaire. Mon cœur battait comme une cloche. Dans cette pose j'attendis que le silence s'installe, me rappelant l'essai malheureux chez Moysès au début de la guerre. Je commençai à chanter. Huit jours plus tard le spectacle prit fin, faute de spectateurs. Malgré mon refus de l'exhibitionnisme, j'avais eu la volonté de me battre contre ma peur : cette réaction m'encouragea à poursuivre. Je revenais à la case départ, au temps de mon enfance, dans cette salle de la Grange-aux-Belles, le soir où un inconnu m'avait pris la main et entraîné dans le petit monde fou des artistes. De la comédie je passais au music-hall.

Mais cela est une autre histoire...